DU CAFÉ

ÉTUDE

DE THÉRAPEUTIQUE PHYSIOLOGIQUE

A. PARENT, imprimeur de la Faculté de Médecine, rue Mr le-Prince, 31.

DU CAFÉ

ÉTUDE

DE

THÉRAPEUTIQUE PHYSIOLOGIQUE

PAR

LE Dr F. MÉPLAIN

ÉLÈVE DES HÔPITAUX, MÉDAILLE DE BRONZE

PARIS

LOUIS LECLERC, LIBRAIRE-ÉDITEUR

RUE DE L'ÉCOLE-DE-MÉDECINE, 14

—

1868

DU CAFÉ

ÉTUDE

DE

THÉRAPEUTIQUE PHYSIOLOGIQUE

> Le travail de l'avenir consistera moins à découvrir des faits nouveaux qu'à systématiser les faits anciens, et à les mettre d'accord avec les lois positives d'une physiologie rigoureusement exacte.
>
> (A. GUBLER, *Préface des Commentaires thérapeutiques du Codex.*)

INTRODUCTION

On a déjà beaucoup écrit sur le café; dans cette étude qui vient s'ajouter à tant d'autres, je ne prétends m'occuper de ce produit qu'au seul point de vue thérapeutique. Des travaux excellents et très-complets ont été publiés sur son histoire botanique (1) ainsi que sur sa composition chimique (Seguin, Pfaff, Payen, Robiquet et Boutron, etc.). J'en pourrais dire autant du rôle qu'il joue en hygiène et de sa valeur comme aliment; je me bornerai à rappeler le mémoire bien connu de M. de Gasparin sur l'alimentation des mineurs de Charleroi (2) et à signa-

(1) Voy. Léon Marchand, Recherches organographiques et organogénésiques sur le coffea arabica.

(2) Comptes-rendus de l'Académie des sciences, t. XXX, p. 749; 1850.

ler la thèse pleine d'intérêt de M. Jomand, dans laquelle ce médecin rend compte de ses expériences très-curieuses et très-instructives sur cette matière (1).

Le point de vue spécial de l'action médicamenteuse auquel je me place n'a pas été oublié non plus. Dans tous les traités modernes de thérapeutique les auteurs ont consacré au café un chapitre plus ou moins important et, dans la presse médicale de ce siècle, on trouve un bon nombre d'articles relatifs à l'emploi de cet agent dans le traitement de diverses maladies. Il m'a paru néanmoins utile de reprendre cette étude, et pour un double motif.

D'abord quoique bien éloigné de vouloir placer le café, dans la liste des médicaments, au même rang que le quinquina ou l'opium, que la belladone ou la digitale, que l'iode, le fer ou le mercure, ces rois de la matière médicale, je crois trop modeste la place qui lui est accordée dans la thérapeutique usuelle. Je suis convaincu que bien connus et bien employés, le café et son alcaloïde la caféine peuvent rendre d'importants services que la médecine songe rarement à leur demander.

D'un autre côté il est juste de faire participer ce médicament au grand mouvement de rénovation que subit depuis quelques années la thérapeutique entraînée avec la pathologie dans le courant fécond de la physiologie expérimentale. Excité par la louable ambition de hâter le progrès de ses acquisitions scientifiques et par celle non moins excellente de leur donner une assise plus ferme, plus positive en les rationalisant, le médecin aujourd'hui trouve le vieil empirisme trop lent à céder ses richesses et trop peu explicite sur le sens des faits qu'il livre à l'observation. Sans l'abandonner cependant, sans surtout méconnaître ni repousser les matériaux innombrables qu'il a fournis depuis des siècles, le thérapeutiste lui adjoint de nouveaux moyens d'étude: il consulte la physique, la chimie, la physio-

(1) Thèse de Paris, 1860.

logie surtout et demande à l'*expérimentation* des occasions d'observer qu'il puisse multiplier et varier à son gré.

Entrée ainsi dans une voie rigoureusement scientifique, la thérapeutique moderne a bien moins pour mission de chercher des médicaments nouveaux que d'apprendre à mieux connaître et à mieux employer les anciens. Ceux-ci sont bien assez nombreux déjà, peut-être le sont-ils trop. Ce qui est urgent, c'est d'en connaître les effets physiologiques avec la plus parfaite exactitude possible afin d'en déduire avec une égale rigueur les indications. Il y a là toute une révolution à opérer dans la thérapeutique, révolution dont l'initiative est un des titres de gloire de M. Cl. Bernard et qui, dirigée en France par des maîtres éminents tels que M. Gubler et le professeur Sée, se fait aujourd'hui et se poursuit avec activité. Elle est loin encore d'être complète ; pour l'accomplissement d'une telle œuvre, il est bon que tous les travailleurs de bonne volonté apportent leur concours ; laissant à des chercheurs plus expérimentés la tâche ardue de faire connaître les grands médicaments dans leurs actions physiologiques et dans leurs indications souvent si complexes, il m'appartenait de me choisir un rôle plus modeste, plus conforme à mes forces ; aussi ai-je borné mon ambition à jeter quelque lumière sur un agent d'ordre tout à fait secondaire, heureux encore si la petite pierre que j'apporte à l'immense édifice peut avoir quelque utilité dans sa construction.

Dégagée des questions de matière médicale et de pharmacologie, c'est-à-dire réduite à la pharmacodynamie, l'étude d'un médicament se divise tout naturellement en deux parties : *Etude de l'action physiologique,* — *Étude de l'action thérapeutique et des indications.* Encore est-ce là une division que l'on pourrait dire artificielle et qui vaut surtout par la commodité qu'elle donne à l'étude, car, au fond, action physiologique et action thérapeutique ne sont qu'une seule et même chose, appliquée seulement dans des circonstances et dans des conditions différentes. Comme e dit très-justement M. Gubler (1) les médicaments « ne se comportent pas autrement, ou plutôt ils n'agissent pas en vertu d'autres lois chez un sujet malade que chez un sujet sain. »

Ce travail se composera donc de deux parties : dans la première seront décrits les *effets physiologiques* produits par le café et la caféine. Aux riches données puisées dans les importants travaux publiés sur ce sujet tant en France qu'en Allemagne, j'ajouterai les résultats de quelques expériences qui me sont propres et, parmi ces effets, je m'attacherai plus particulièrement à ceux qui me paraissent jouer le rôle principal dans les résultats thérapeutiques obtenus par le café et son alcaloïde.

Dans la seconde partie j'examinerai les applications que l'on peut faire de l'action physiologique du café au traitement des maladies, c'est-à-dire les indications du médicament. Passant en revue tous les états pathologiques auxquels on a opposé cet agent, j'essayerai de juger ces applications ; j'aurai pour cela recours à deux moyens : le moyen empirique de la clinique en me basant sur les résultats publiés, et le moyen rationnel de la physiologie en rapprochant ces résultats des effets physiologiques connus du café et en voyant si ceux-ci peuvent donner la raison de ceux-là. Loin de moi toutefois la prétention d'appliquer avec succès ce second criterium dans tous les cas. Trop souvent je me verrai arrêté dans cette voie par l'état encore bien incomplet des connaissances physiologiques acquises aujourd'hui tant sur l'action du médicament que sur la nature des maladies : je devrai me borner, dans ces cas, à indiquer les hypothèses les plus vraisemblables et à les discuter en m'abstenant de conclure.

ACTION PHYSIOLOGIQUE DU CAFÉ.

Si, faisant abstraction des travaux les plus récents, on cherche, d'après les auteurs, à assigner au café une place dans les cadres

(1) Préface des Commentaires thérapeutiques, p. VIII.

de la thérapeutique, en se basant sur son mode d'action, on est étonné de la confusion complète qui règne sous ce rapport. Beaucoup de médecins en font un *stimulant général* comparable aux alcooliques (Londe, Nysten, etc.). — D'autres avec Trousseau et M. Pidoux (1) le placent aussi parmi les médicaments excitants, mais pour eux, cette action excitante, très-peu marquée sur le système circulatoire, porte presque exclusivement sur le cerveau : c'est donc un *excitant spécial* du système nerveux. A cette manière de voir se rangent le professeur Bouchardat (2) et M. Pénilleau (3).

C'est au contraire parmi les *contro-stimulants* que Rasori avait placé le café, guidé en cela surtout par l'opposition d'effets qu'il avait constatée entre cet agent et l'opium. Après lui Rognetta et les docteurs Lamare-Piquot (4) et Masson (5) en ont fait un *hyposthénisant cardiaco-vasculaire*.

Aujourd'hui, grâce à de nouvelles observations et à l'application de la méthode expérimentale à l'étude de ce médicament, la question nous paraît résolue. Si, dans l'histoire physiologique du café, quelques points de détail sont encore à éclaircir, du moins les grands traits en sont définitivement tracés et permettent d'assigner à ce produit sa place véritable dans la classification des médicaments. Cette place, c'est parmi les *toniques névrosthéniques* que nous la lui donnons, à côté du quinquina dont le rapprochaient déjà ses caractères botaniques (il appartient comme lui à la famille des Rubiacées) et dont en physiologie et en thérapeutique, il semble souvent être, pour ainsi-dire, une copie affaiblie.

Cette action névrosthénique, bien que de beaucoup la plus importante, n'est pas la seule qu'exerce le café ; à côté d'elle se

(1) Traité de thérapeutique, 7ᵉ édition, t. II ; 1862.
(2) Matière médicale, 4ᵉ édition ; 1864.
(3) Thèse inaugurale ; Paris, 1864.
(4) Bulletin de thérapeutique, t. LXI, p. 28 ; 1861.
(5) Thèse inaugurale ; Paris, 1848.

placent des actions secondaires qui ont pu contribuer à donner le change aux observateurs et que nous devrons étudier.

Cru, le café contient, outre des substances inertes ou importantes seulement au point de vue de l'alimentation (caséine, gluten, fécule, substance grasse, etc.), deux principes spéciaux dont la connaissance a plus d'intérêt pour le thérapeutiste ; ce sont la *caféine*, alcaloïde solide découvert en 1820, par Runge, et un tannin particulier colorant les sels de fer en vert, l'*acide cafétannique*. La torréfaction modifie cette composition : d'après des analyses comparatives de Schrader, une partie de la caféine est détruite et l'*arome* se développe. Que celui-ci préexiste dans le café vert où il serait seulement retenu par la matière grasse, comme le croit M. Payen (1), ou qu'il soit dû à une modification d'une partie de la caféine ou de l'acide cafétannique qui se transformerait en cette huile volatile à laquelle on a donné le nom de *caféone* (Boutron et Frémy), c'est lui qui constitue, pour le médecin, la principale différence entre le café vert et le café brûlé. C'est lui qui produit le premier effet observé après l'ingestion d'une infusion ordinaire de café noir ; les autres effets dépendent soit du tannin, soit surtout de la caféine.

En résumé le café vert contient deux principes médicalement actifs : la caféine et le tannin ; de ces deux principes, la torréfaction détruit une partie en en développant un troisième, l'essence aromatique ; de là les différences, légères à la vérité, que l'on observe entre les effets du café noir, ceux de la caféine ou de ses sels et ceux du café vert.

ACTION PHYSIOLOGIQUE DU CAFÉ TORRÉFIÉ.

Lorsque l'on ingère une infusion de café torréfié, on observe presque immédiatement les effets du principe aromatique ; il faut, pour s'en rendre un compte exact, expérimenter *à jeun*,

(1) Comptes-rendus de l'Académie des sciences, 1846, p. 249, et Répertoire de pharmacie, t. V, p. 362 ; 1849,

prendre le café *froid* et rester *au repos* pendant le temps de l'expérience, afin d'éviter la confusion qui résulterait nécessairement de l'action de la chaleur du liquide, de l'action de la digestion et des boissons alcooliques prises pendant le repas, ou de celle de l'exercice. Observés avec ces précautions, les effets de la caféone m'ont semblé consister dans des phénomènes d'*excitation vasculaire* légers et très-fugaces. Très-analogues à ceux produits par les stimulants ordinaires, tels que l'alcool, ils traduisent le relâchement des petits vaisseaux et l'activité plus grande de la circulation du sang : la face se colore légèrement, quelquefois un peu de transpiration se produit, le cœur bat avec plus de précipitation, le pouls devient plus fréquent et plus large; enfin certains sujets ont une émission abondante d'urine limpide et claire. Très-prompte à se manifester, cette action du café noir ne dure qu'un instant, dix à vingt minutes au plus. C'est du moins ce qui semble résulter de mes observations personnelles.

Dans une série d'expériences portant principalement sur l'influence exercée par le café sur le pouls, et faites en absorbant le matin à jeun une infusion assez forte, froide ou à peine tiède et non sucrée de café torréfié (variété dite moka dans le commerce parisien), j'ai obtenu des résultats qui, bien que variant dans les détails, m'ont paru identiques si on les considère dans leur ensemble. Je comptais les pulsations immédiatement avant l'ingestion du liquide ; puis un assez grand nombre de fois dans la demi-heure ou l'heure qui la suivait : dans presque tous les cas, j'ai vu le pouls monter de cinq à dix pulsations dans les deux minutes qui suivaient l'ingestion, se maintenir à ce taux nouveau pendant quatre à dix minutes, puis décroître progressivement pendant le même temps environ. Ainsi dix à vingt minutes après le début de l'expérience, le nombre des pulsations était revenu, sinon précisément au chiffre initial, du moins à un chiffre qui n'en différait que par une ou deux pulsations, et *plus souvent en moins qu'en plus.*

J'ai pu contrôler plusieurs fois cette action primitive du café sur la circulation au moyen du sphygmographe. Cet instrument m'a toujours montré qu'aux premiers instants qui suivent l'ingestion d'une infusion de café noir, correspond un abaissement de la tension artérielle. Les deux tracés suivants en sont un exemple :

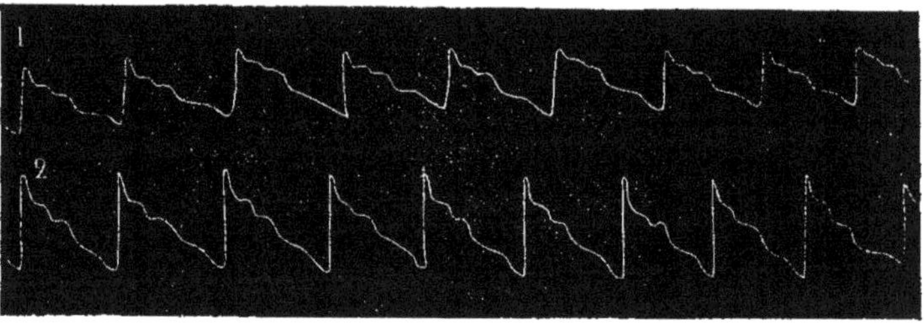

Ils ont été recueillis tous les deux sur ma radiale droite, à six minutes d'intervalle et sans que l'instrument ait été déplacé. Le premier a été pris immédiatement avant l'ingestion d'environ 300 grammes d'une infusion de café ; le second a été obtenu quatre minutes après cette ingestion. La brusquerie de la montée et sa plus grande hauteur, l'acuité du sommet, la verticalité plus grande de la descente, et surtout l'augmentation des rebondissements dans le tracé 2 traduisent clairement la diminution de la pression du sang dans les artères.

Ces premiers effets du café noir ont déjà été indiqués par M. L. Marchand (1) qui les attribue comme moi à la caféone. Si l'on songe que cette action excitante vasculaire est une action commune à toutes les huiles volatiles, il était bien naturel, en effet, de l'attribuer au principe aromatique du café. Cela est encore établi par des expériences dont il sera question plus loin, et qui ont été faites, non plus avec du café noir, mais avec du café vert ou du citrate de caféine ; dans ces expériences, aucun symptôme d'une semblable excitation vasculaire ne s'est montré.

(1) Nouveau Dictionnaire de médecine et de chirurgie pratiques, article *Café* (thérapeutique), t. VI, p. 43.

Pour donner à cette manière de voir une certitude plus complète encore, j'ai soumis à la distillation un litre d'une forte infusion de café torréfié ; cette opération m'a donné environ 200 grammes d'un liquide qui joignait à l'odeur et à la saveur aromatiques du café une légère âcreté et une odeur empyreumatique assez prononcée. Ayant bu, le lendemain à jeun, cette eau distillée froide, en une seule fois, j'ai pu constater que mon pouls qui battait au moment de l'ingestion 64 fois par minute, s'était, presque aussitôt après, élevé à 72. Le sphygmographe a, cette fois aussi, accusé une diminution de la tension artérielle. Dans cette expérience, le chiffre des pulsations s'est abaissé moins rapidement que dans celles où le liquide absorbé avait été une infusion de café ; en effet, quarante-cinq minutes après l'ingestion de la liqueur, le pouls battait encore 68 fois. L'action de la caféine, opposée, comme nous le verrons tout à l'heure, à celle du principe aromatique du café, me paraît rendre compte de cette différence : cette action qui, dans mes expériences faites avec l'infusion de café, apparaissait au bout d'un certain temps et venait, en luttant contre les effets de la caféine, hâter leur disparition, faisait naturellement défaut dans celle-ci.

Je ne m'arrêterai pas davantage à cette action stimulante vasculaire du café ; toute pensée de l'utiliser en thérapeutique me semble devoir être exclue par ses caractères de faible intensité et de courte durée. On ne le pourrait d'ailleurs qu'à la condition de la rendre indépendante de l'action de la caféine et pour cela il faudrait employer la caféone isolée des autres principes du café, ce qui, quant à présent, n'est guère pratique. Enfin, une raison meilleure encore, c'est que nous possédons déjà bon nombre d'agents d'un effet analogue et plus énergique, à commencer par l'alcool.

A mesure qu'achèvent de s'effacer les phénomènes d'excitation vasculaire que je viens d'indiquer et que j'ai attribués à la caféone, en apparaissent d'autres d'un ordre tout différent ; ceux-ci ne sont pas, comme les premiers, propres au café noir; que l'on ait employé le café torréfié ou le café cru, ou bien que l'on se soit adressé à la caféine ou à l'un de ses sels, ces effets sont dans tous les cas identiques; c'est qu'ils appartiennent à la caféine elle-même dont ils traduisent l'action propre.

ACTION PHYSIOLOGIQUE DE LA CAFÉINE.

L'action de la caféine domine l'histoire médicale du café. C'est en effet à son alcaloïde que celui-ci doit son action principale, celle qu'on peut appeler spécifique et pour ainsi dire sa physionomie physiologique et thérapeutique.

La caféine parait n'avoir aucune *action locale*. Ce n'est évidemment pas à elle, mais bien plutôt aux substances pyrogénées qu'il faut attribuer cette sensation de chaleur âcre des premières voies avec injection arborisée du pharynx qu'a éprouvée M. Jomand après avoir plusieurs jours de suite pris du café noir en poudre et qu'il croit avoir été le fait d'une action topique. MM. Stuhlmann et Falck (de Marburg) ont publié (1) les observations très-détaillées de 38 expériences faites par eux avec la caféine sur divers animaux. Quel qu'ait été le lieu d'application de l'alcaloïde, premières voies, rectum, tissu cellulaire sous-cutané, veine jugulaire, l'action topique a toujours été nulle. Dans un cas seulement, chez un lapin, les auteurs ont noté, à l'autopsie, quelques sugillations du tissu cellulaire où une solution de caféine avait été injectée; mais un traumatisme avait été produit là qui suffit bien, ce me semble, à rendre compte de cette légère irritation.

Le citrate de caféine parait agir davantage localement. Dans un mémoire où M. Leven rend compte d'expériences faites par lui avec ce sel (2), et auquel nous aurons beaucoup à emprun-

(1) Beitrage zur Kenntniss der kaffeins. Virchow's Archiv, 1857, p. 324 et 481.
(2) Action physiologique et médicamenteuse de la caféine. Archives de physiologie normale et pathologique, 1868, p. 179,

ter, cet observateur dit que, injecté dans le tissu cellulaire, il y détermine une vive irritation. Cette irritation ne se produit pas sur les muqueuses ; je me suis un jour introduit un fragment d'environ 5 milligr. de citrate de caféine dans le cul-de-sac conjonctival inférieur ; la dissolution par les larmes s'en est faite peu à peu, sans que sa présence ait donné lieu à d'autres accidents qu'un léger picotement et un larmoiement passager tels qu'en produisent sur la muqueuse oculaire les corps étrangers les plus parfaitement inertes.

Les phénomènes qui traduisent l'action de la caféine absorbée et diffusée dans l'organisme sont plus ou moins rapides à se montrer suivant la dose et la nature des préparations employées, et suivant le mode d'application. On ne saurait actuellement rien préciser à cet égard. Toutefois il m'a semblé que l'alcaloïde lui-même ou le citrate agissent plus promptement que la caféine contenue dans le café torréfié, ce qu'explique assez bien l'antagonisme que j'ai déjà dit exister entre la caféine et le principe aromatique. En outre il paraît probable, d'après les expériences de MM. Stuhlmann et Falck, que les effets de la caféine, presque immédiats quand on injecte ce corps dans les veines, sont également très-rapidement produits quand on l'applique par la méthode hypodermique ; qu'enfin, et ceci n'est pas sans intérêt pour la pratique médicale, l'injection dans le rectum est suivie d'une action plus prompte que l'administration par la voie gastrique.

Cette action générale de la caféine se manifeste à la fois dans presque toutes les parties de l'organisme et par des effets très-différents : il convient de l'étudier successivement dans chacun des grands appareils de l'économie.

Action de la caféine sur les voies digestives.

Un des premiers phénomènes qu'aient eu à constater MM. Stuhlmann et Falck chez tous les mammifères soumis par

eux à la caféine, a été une *salivation* abondante. M. Leven l'a
également observée chez le chien et moi-même chez le lapin.
Cet effet de la caféine ne se produit avec une notable intensité
que sous l'influence de doses très-fortes; dans les expériences
que j'ai faites sur moi-même, soit avec le citrate de caféine, soit
avec le café noir ou vert, je n'ai observé la salivation qu'une
seule fois; encore était-elle peu prononcée.

On ne saurait voir dans cette hypercrynie salivaire un ph é-
nomène réflexe ayant son point de départ dans l'action locale
de la caféine sur la muqueuse buccale, car les observateurs que
j'ai cités plus haut l'ont notée tout aussi bien après avoir injecté cette substance dans le rectum, les veines ou le tissu cellulaire que quand ils l'avaient administrée par la bouche. On
pourrait admettre que la caféine, en s'éliminant par les glandes
salivaires, provoque, par son passage dans ces glandes, leur
excès de travail, ou bien que, se trouvant, à sa sortie de l'économie, versée avec la salive au contact de la muqueuse buccale, elle y donne lieu au phénomène réflexe dont je viens de
parler, comme le fait par exemple la quinine. Je ne puis nier
d'une manière absolue cette action *par élimination* de la caféine;
je suis peu disposé cependant à la croire réelle; d'abord il fau
drait que l'élimination de cette substance par les sécrétions buc-
cales me fût démontrée; ensuite, comme je l'ai dit déjà, ce phénomène est un des premiers qui se produisent, et MM. Falck et
Stuhlmann l'ont souvent observé dès les premières minutes de
l'expérience. Cette promptitude, sans exclure absolument sans
doute l'hypothèse de l'action par élimination, me semble du
moins la rendre moins vraisemblable; aussi suis-je bien plutôt disposé à attribuer l'hypercrynie salivaire à la même cause
que la diurèse que nous constaterons plus loin, c'est-à-dire à
l'augmentation de la pression artérielle, l'un des effets capitaux
de la caféine.

La plupart des auteurs qui ont écrit sur le café, littérateurs gastronomes (1) ou hygiénistes (2), lui ont attribué une influence favorable sur la digestion ; d'autres croient au contraire qu'il en ralentit le travail (3) ; on l'a même accusé d'être une cause de dyspepsie. Si opposées que paraissent ces assertions, elles n'en sont pas moins toutes acceptables. Leur divergence dépend des mille conditions différentes dans lesquelles on observe. C'est à l'hygiène qu'appartient surtout l'étude de ces conditions d'utilité ou de nocuité du café ; je la laisserai donc complétement en dehors de ce travail, dont la thérapeutique doit seule être l'objet. Elles ressortent d'ailleurs des considérations physiologiques qui suivent.

L'action de la caféine sur le tube digestif tout entier peut se résumer dans les deux faits suivants : *excitation des contractions du plan musculaire ; — ischémie des parois gastro-intestinales.*

L'excitation des fibres musculaires produit à l'estomac des phénomènes variables, suivant les conditions de l'observation et suivant l'intensité de l'action. A dose modérée et après le repas, la caféine, en stimulant les mouvements de ce viscère, exerce une influence favorable sur le travail de la digestion : les aliments sont mieux brassés ; ils sont mis d'une façon plus complète au contact des liquides digestifs. Au contraire, si le sujet est à jeun ou simplement s'il n'est pas habitué au café et que la dose soit un peu forte, ces contractions exagérées ou intempestives de la tunique musculeuse de l'estomac se traduisent par une sensation de gêne pénible, d'anxiété douloureuse à la région épigastrique. Cette sensation, bien décrite par le Dr Colet (4), est, comme l'observe Trousseau, un des effets les plus constants de la caféine ou du café pris dans les conditions

---

(1) Brillat-Savarin, Physiologie du goût. — Berchoux, Poëme de la gastronomie.
(2) Fonssagrives, Hygiène alimentaire des malades, des convalescents et des valétudinaires, 2° édition, 1867. — Bouchardat, Matière médicale.
(3) Jomand, thèse citée ; Paris, 1860, p. 31.
(4) Effets funestes du thé et du café pris avec excès. London med. Gazette, avril 1833, et Gazette médicale, 1833, p. 439.

que j'ai indiquées. La dose est-elle plus forte encore ; ce sont alors des nausées que l'on observe, des vomissements même (Stuhlmann et Falck).

Comme ceux de l'estomac, les mouvements péristaltiques de l'intestin reçoivent de la caféine une énergique impulsion ; à un faible degré, il n'en résulte qu'une plus grande activité de la digestion. Mais si la caféine a été prise à jeun et à dose un peu forte, on constate des coliques plus ou moins vives qui m'ont paru avoir une remarquable mobilité pour caractère, des borborygmes que j'ai observés dans toutes les expériences que j'ai faites sur moi-même, enfin une ou deux garde-robes, le plus souvent liquides, médiocrement abondantes.

Cette circonstance a fait considérer à tort le café comme purgatif et a fait croire qu'il augmentait les sécrétions intestinales. Aux doses modérées tout au moins, c'est-à-dire aux doses hygiéniques et thérapeutiques, la caféine ne fait que hâter l'expulsion des matières contenues dans le gros et le petit intestin. L'état liquide des selles n'infirme en rien cette assertion : la rapidité beaucoup plus grande de leur cheminement à travers le côlon, leur défaut de séjour dans le cæcum et dans l'ampoule rectale expliquent assez ce manque de consistance. Sur un jeune médecin de ses amis chez lequel l'abus du café prolongé pendant six mois avait donné lieu à une véritable intoxication chronique, le Dr Cellarier (1) a observé « une rétraction singulière de la paroi abdominale antérieure. » Comme les autres phénomènes, celui-là a cessé par l'abandon de l'abus en question. N'était-ce pas évidemment l'effet d'un état de contraction permanente de l'intestin produit par la caféine?

Ces phénomènes que l'on observe chez l'homme, sous l'influence de doses modérées de caféine, paraissent-ils insuffisants pour établir l'action excito-motrice de cet alcaloïde sur le plan musculaire digestif? Voyons ce que produisent les doses toxiques

(1) Nouvelles remarques sur l'action du café dans l'étranglement herniaire. Bulletin de thérapeutique, t. LXI, p. 270; 1861.

chez les animaux soumis à l'expérimentation. Les faits rapportés par MM. Falck et Stuhlmann sont aussi concluants que possible. Ces médecins ont vu 11 fois sur 12, chez les mammifères, se produire soit des vomissements, soit des déjections alvines liquides abondantes et répétées; le plus souvent ces deux accidents se sont produits chez le même animal, et cela tout aussi bien quand la voie d'introduction avait été le tissu cellulaire souscutané ou la veine jugulaire, que quand le poison avait été donné par le rectum ou par l'estomac. Dans le douzième cas, il s'agit d'un chien chez lequel la mort étant survenue au bout de deux minutes et demie, il est bien permis de supposer que les effets dont il s'agit n'ont pas eu le temps de se produire. Dans tous les cas où l'empoisonnement avait entraîné la mort de l'animal, on trouve indiqué, dans la relation de l'autopsie, l'état de contraction de l'intestin, presque toujours de l'estomac et souvent de l'œsophage.

J'insiste à dessein sur ces faits, parce que l'action de la caféine que je veux établir joue, comme on le verra, un rôle essentiel dans l'une des applications thérapeutiques les plus importantes de cet alcaloïde et qu'elle est d'ailleurs loin d'être admise par tout le monde.

L'ischémie des parois gastro-intestinales se rattache à l'action vaso-motrice qu'exerce la caféine dans toute l'économie et qui sera étudiée plus loin. Comme ceux des autres parties du corps, les petits vaisseaux de l'estomac et ceux de l'intestin se resserrent sous cet influence; de là la pâleur constatée par MM. Stuhlmann et Falck dans la muqueuse de ces organes.

Pendant la vie, cette ischémie doit donner lieu à la diminution des sécrétions gastro-intestinales, car on sait que l'activité sécrétoire des glandes est, en règle générale, proportionnée à l'afflux sanguin qu'elles reçoivent. Ainsi peut se trouver justifiée dans quelques cas cette opinion suivant laquelle le café serait une cause de dyspepsie. J'ai déjà dit que les garde-robes liquides et peu abondantes que produisent les doses modérées de café ne sont pas, pour moi, le résultat d'une hypercrynie des glandes intestinales ; en est-il de même de ces déjections liquides copieuses et répétées à courts intervalles qu'ont vu se produire, sous l'influence de doses toxiques de caféine, MM. Falck, Stuhlmann et Leven ? Ici l'abondance des excrétions m'oblige à admettre une hypersécrétion, une *salivation intestinale* analogue à la salivation buccale dont j'ai parlé plus haut. Le degré élevé qu'atteint dans ces cas d'empoisonnement la tension artérielle (Leven) donne évidemment la raison de l'une, comme elle a donné la raison de l'autre.

Action de la caféine sur la circulation.

De tous les effets de la caféine, il n'en est certainement aucun qui présente autant d'intérêt pour le thérapeutiste que ceux qu'elle produit sur la circulation du sang. Obscurcie par le défaut d'entente des auteurs, l'étude de ces effets était une des parties les plus difficiles de ce travail ; ici encore les recherches expérimentales de MM. Sthulmann et Falk et celles de M. Leven m'ont été une précieuse ressource. Aux faits puisés dans ces importants travaux, j'en ai ajouté quelques-uns tirés d'expériences personnelles d'un ordre tout différent. Les résultats auxquels je suis arrivé sont bien loin sans doute de donner le dernier mot de l'action cardiaco-vasculaire de la caféine ; cependant s'ils sont absolument insuffisants à satisfaire la curiosité du physiologiste, du moins ai-je la confiance que la thérapeutique peut y puiser d'utiles enseignements.

La circulation est-elle accélérée ou ralentie par la caféine ? rien ne semble au premier abord plus aisé à résoudre qu'une semblable question, et cependant, dans toute cette histoire du café qui, trop souvent, me rappelle le fameux : « Hippocrate dit oui, mais Galien dit non, » il n'est à coup sûr pas de point sur lequel on trouve les auteurs moins d'accord. Ralentie pour ceux-ci, elle est accélérée pour ceux-là ; d'autres affirment que son activité reste la même. Ecartons d'abord quelques causes évidentes d'erreur, ou tout au moins d'incertitude.

J'ai parlé, au commencement, de ces considérations physiologiques de l'action excitante vasculaire du principe aromatique, et j'ai ajouté qu'elle pouvait avoir trompé les auteurs sur l'action principale du café. C'est là, en effet, ce qui a dû arriver pour plusieurs, car ce ne sont pas les phénomènes produits par la caféine, mais ceux produits par l'infusion ordinaire de café torréfié qu'ont étudiés la plupart des observateurs. S'ils ont compté les pulsations peu de temps après l'ingestion du café, il est évident qu'il ont dû constater l'augmentation de fréquence à laquelle donne lieu la caféone. D'un autre côté, la température de l'infusion n'est presque nulle part indiquée ; il y a lieu de supposer que celle-ci a été le plus souvent prise chaude, comme on le fait dans l'usage journalier : autre cause d'accélération du pouls d'où a pu naître l'erreur. Enfin, parmi les auteurs dont il s'agit, plusieurs ont observé après le repas, condition très-mauvaise, car le travail de la digestion est une cause d'accélération considérable des battements de l'artère et j'ai souvent vu, chez moi, la période ascendante du pouls se prolonger assez longtemps après la fin du repas, bien que je n'eusse pas pris de café.

Quel parti peut-on tirer d'observations prises dans les conditions que je viens de supposer ? Aucun absolument, à mon avis, car une conclusion rigoureuse ne saurait être fournie que par des faits rigoureusement observés. Je dois donc, tout en regrettant d'avoir à signaler ce défaut de précision dans un travail qui, d'ailleurs, se pique à juste titre d'exactitude, écarter les conclusions relatives au café de M. Prompt (1) qui considère cet agent comme un accélérateur du pouls. Ses observations ont

______

(1) Recherches sur les variations physiologiques de la fréquence du pouls. Archives générales de médecine, 1867, p. 385 et 557.

été faites à la suite du repas, en prenant une infusion probablement chaude de café noir, peut-être additionné de chicorée (1). Enfin il est probable, d'après les heures indiquées par l'auteur, que les chiffres du pouls ont été, le plus souvent au moins, pris pendant la période d'excitation vasculaire due à la caféone. Il est, il est vrai, juste de dire que ce ne sont pas les effets de la caféine, mais d'une manière générale ceux du café que M. Prompt a voulu indiquer.

Trousseau et après lui les Drs Deltel (2) et Penilleau (3) attribuent aussi au café une action acélératrice du pouls ; mais chez aucun d'eux je ne trouve ces renseignements qui, pour moi, sont essentiels, sur l'état de vacuité ou de réplétion de l'estomac, la température du liquide et le moment auquel était relevé le chiffre des pulsations. L'illustre professeur de thérapeutique, d'ailleurs, concluait *d'une seule* expérience ; il faut avouer que c'est bien peu.

Si, d'un autre côté, je consulte le travail bien autrement complet et précis de M. Jomand, j'y trouve ceci : « Le café *ralentit* « la circulation, car la moyenne de douze observations, prise « en dehors des heures de digestion, a été de 75 pour les jours « où l'on prenait du café, et de 84 durant les jours où l'on n'en « prenait pas » (4). Rognetta, cité par M. Penilleau et le Dr Lamare-Piquot (5) ont également trouvé que le café diminue le chiffre des pulsations. Sous l'influence de cinq centigrammes de caféine pure, le Dr Caron dit avoir vu son pouls tomber de quatre-vingt à cinquante-six pulsations (6.)

Afin de fixer sur ce point mon opinion, je me suis soumis à onze expériences dans lesquelles je prenais à jeun soit une in-

(1) La chicorée, d'après M. Jomand (*loc. cit.*), serait douée de propriétés analogues, au degré d'activité près, à celles de l'alcool, antagonistes par conséquent de celles de la caféine

(2) Thèse inaugurale ; Paris, 1851.

(3) Thèse citée ; Paris, 1864.

(4) Thèse citée ; Paris, 1860, p. 32.

(5) Article cité du Bulletin de thérapeutique, t. LXI; 1864.

(6) Répertoire de pharmacie, t. II, p, 373 ; 1846.

fusion froide ou tiède de café torréfié, soit une décoction de café cru soit du citrate de caféine. Je donne dans le tableau suivant les chiffres les plus importants relevés dans ces expériences.

NATURE de la préparation ingérée.	DOSES.	CHIFFRES DES PULSATIONS		
		immédiatement avant l'ingest.	quelques min. après.	30 à 45 min. après.
1° Infusion de café noir...	270 gram.	64	n'a pas été pris.	64
2° — ...	220 —	59	»	58
3° — ...	100 —	62	»	63
4° — ...	220 —	63	»	62
5° — ...	100 —	62	»	62
6° — ...	100 —	62	68	60
7° — ...	100 —	60	67	60
8° — ...	300 —	62	64	60
9° Décoction de café cru ..	500 —	64	62	58
10° Citrate de caféine.	0 g. 50	59	»	58
11° — ...	1 gram.	61	60	56
Moyennes...............		61,63	....	60,09

Les deux moyennes qui terminent ce tableau montrent que, comme l'avait indiqué M. Jomand, le café ralentit en définitive la circulation. Mais ce ralentissement paraît peu considérable, puisque la première moyenne n'est supérieure à la seconde que d'environ une pulsation et demie. La différence est bien moindre encore si l'on prend les mêmes moyennes pour les huit premières expériences seulement, dans lesquelles la préparation ingérée était une infusion de café torréfié. On trouve en effet ainsi :

Avant l'ingestion. 61,75
De 30 à 45 minutes après. . . . 61,12

Ces chiffres donnent une différence (0, 63) qui dépasse à peine une demi-pulsation, quantité véritablement insignifiante et qui me porte à conclure avec M. Cellarier que le café torréfié ne change pas sensiblement la rapidité de la circulation.

Une différence plus sérieuse se remarque entre les moyennes

correspondantes des trois dernières expériences (café cru et citrate de caféine). Ces moyennes en effet sont les suivantes :

Avant.	61,33
Après.	57,33
Différence	4

Bien que le nombre de ces dernières expériences soit insuffisant pour qu'on en puisse tirer une conclusion bien certaine,
cette irrégularité dans les différences me paraît digne d'attirer
l'attention. Faut-il en chercher le motif dans la destruction
partielle de la caféine par la torréfaction ? Ne le trouverait-on
pas mieux dans cette supposition assez vraisemblable et dont il
serait intéressant de demander la confirmation aux chimistes,
que l'opération de l'infusion ne sépare du café qu'une partie
restreinte de son alcaloïde ? Peut-être faut-il croire aussi qu'au
lieu de s'épuiser promptement, comme je l'ai avancé, l'action du
principe aromatique au contraire persiste, lutte contre celle de
la caféine et l'anéantit en partie.

Les expériences faites sur les animaux par M. Leven lui ont
montré que les doses toxiques de caféine ont, sur l'activité de
la circulation, une action tout opposée à celle que nous venons
de voir se montrer chez l'homme sous l'influence de doses modérées. « Il faut observer, dit-il (1), que la caféine commence
« par augmenter le nombre des battements du cœur dans toutes
« les expériences ; ce n'est que dans la seconde phase de son
« action que le cœur se ralentit par fatigue. » MM. Falk et
Stuhlmann ont observé aussi l'accélération des pulsations car-
diaques et leur caractère tumultueux. Voït (2) comme M. Leven,
a noté d'abord l'augmentation d'activité, puis, plus tard seulement, le ralentissement du cœur.

Y a-t-il lieu d'appliquer ici cette loi formulée par M. Marey :

(1) Article cité des Archives de physiologie, 1868, p. 181.
(2) Untersuchungen uber den Einfluss des Kaffees, und der Muskelbewegungen
auf den Stoffwechsel; Munich, 1860. In-8°.

« *la fréquence du pouls est en raison inverse de la tension arté-*
rielle. » Y a-t-il en effet, sous l'influence de la caféine, une diminution de la pression du sang dans les artères? Nous verrons
bientôt qu'il n'en est rien et qu'au contraire cette pression est
augmentée. Il faut donc admettre une excitation des fibres musculaires du cœur produite par la caféine, soit directement,
soit par l'intermédiaire du système nerveux. Cette augmentation
de l'énergie contractile du cœur a été très-nettement constatée
de visu sur la grenouille. Le professeur Albers (de Bonn) (1), a
vu sur cet animal le cœur se spasmodiser, pâlir et diminuer de
volume dans le même moment que des contractions convulsives
se montraient dans les membres.

Chez l'homme, il suffit que la dose soit un peu élevée, sans
être, à beaucoup près, toxique, pour que l'on voie apparaître
des symptômes qui se rattachent à cette hypercynèse cardiaque.
Telles sont les palpitations notées par la plupart des auteurs et
que j'ai plusieurs fois eu l'occasion d'observer, faibles, il est
vrai, sur moi-même. Telle est aussi, sans doute, cette anxiété
précordiale si pénible que produisent généralement les hautes
doses de café, surtout chez les sujets qui ne sont pas habitués à
en prendre. L'intermittence, l'irrégularité du pouls, ont été plusieurs fois signalées. Je n'ai jamais constaté sur moi-même ces
phénomènes, bien que je les aie souvent cherchés ; il est probable que la quantité de caféine que j'absorbais était insuffisante
pour les produire, et d'ailleurs il semble que ce soit surtout à
l'abus habituel, à l'action prolongée du café que se rattachent
ces accidents (Cellarier, Collet). Ce sont là, vraisemblablement,
encore des effets de cet excès d'énergie de la contraction cardiaque.

Tout muscle qui se contracte avec force et d'une façon continue ne tarde pas à se fatiguer, et cette fatigue, avant d en
arriver à produire l'impuissance du muscle, se traduit d'abord

(1) Gazette des hôpitaux, 1853, p. 197.

par l'irrégularité, l'inégalité de la contraction. Il en est sans doute de même pour le cœur qui, lorsqu'il commence à se fatiguer devient irrégulier est intermittent.

Il est difficile de donner une explication bien satisfaisante de cette différence absolue entre les effets des doses toxiques et ceux des doses modérées de caféine. Comment cet agent, ici modérateur de la circulation, en est-il là le stimulant ? Alléguer que les doses faibles agissent relativement plus sur les muscles vasculaires et les doses fortes sur ceux du cœur, ne serait que reculer la question sans la résoudre ou plutôt que l'énoncer dans des termes différents. Quoi qu'il en soit, cette singulière propriété n'appartient pas à la caféine seule ; le même ordre de phénomènes s'observe, et d'une manière encore bien plus tranchée avec la digitale par exemple (1).

C'est par *l'augmentation de la tension du sang* dans l'arbre artériel que la caféine, aux doses médicales, produit le ralentissement du pouls. Elle peut donc, sous ce rapport, être rapprochée de la digitale et du sulfate de quinine. Ici s'applique très-bien la loi citée plus haut par M. Marey. L'augmentation de la tension artérielle est un effet constant de la caféine, quelle qu'en soit d'ailleurs la dose, médicale, hygiénique ou toxique. Magendie avait déjà vu, il y a longtemps, chez un chien, le liquide de l'hémodynamomètre de Poiseuille monter de 30 à 70 degrés après l'injection dans la jugulaire de huit grammes d'infusion de café. Les expériences cardiométriques de M. Leven ont confirmé ce résultat de la manière la plus positive. Les chiffres qui, dans ces expériences, représentent la tension artérielle avant, puis après l'injection de citrate de caféine sous la peau, donnent, comme moyenne : 11,25 avant, et 15,50 après. Ces expériences ont été faites sur deux chiens et deux chats à chacun desquels on a injecté cinquante centigrammes de sel.

(1) Voy. Gubler, Commentaires thérapeutiques, p. 105 et 700.

L'expérimentation qui fournit ainsi la preuve de cet accroissement de la tension artérielle chez les animaux par les doses
toxiques, peut aussi, grâce au sphygmographe, démontrer un
accroissement analogue chez l'homme, sous l'influence des doses
médicales. On peut en juger par les tracés suivants : ils ont été
tous recueillis sur ma radiale droite, dans des expériences où,
à jeun, je prenais des doses variables de différentes préparations caféiques. Ces expériences répétées plusieurs fois dans les
mêmes conditions, m'ont fourni un bien plus grand nombre de
tracés. Plus ou moins prononcées, les modifications imprimées
aux caractères du pouls étaient toujours les mêmes. Je me
borne donc à donner les tracés que voici, croyant inutile de
surcharger ce travail en y accumulant des faits dont l'un n'ajouterait rien à l'autre et n'apprendrait rien de plus.

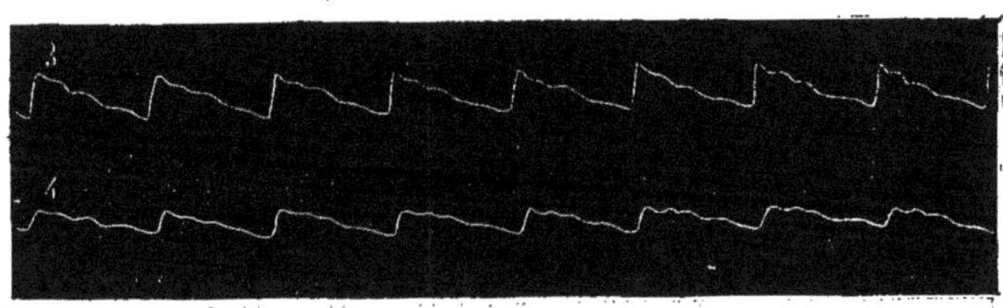

Le tracé 3 a été pris à jeun immédiatement avant l'ingestion
de 350 grammes d'infusion de café préparée avec 100 grammes
de café torréfié et 515 grammes d'eau. Le tracé 4 a été recueilli
trente minutes après cette ingestion.

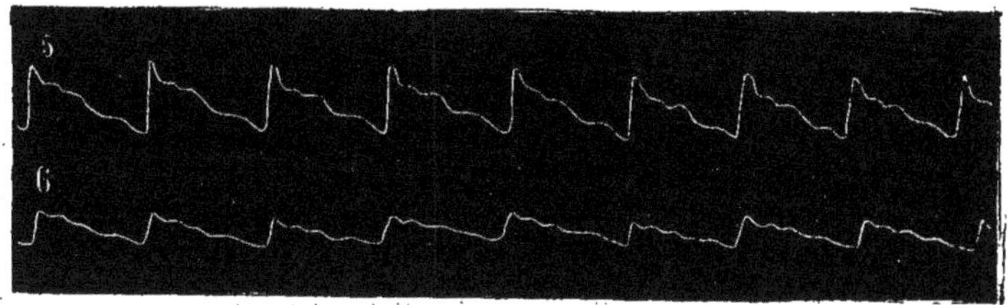

Ces deux tracés appartiennent à une autre expérience ; c'est
encore une infusion semblable de café torréfié qui a été prise.

Le tracé 5 a été obtenu quelques minutes avant et le tracé 6 trente-cinq minutes après.

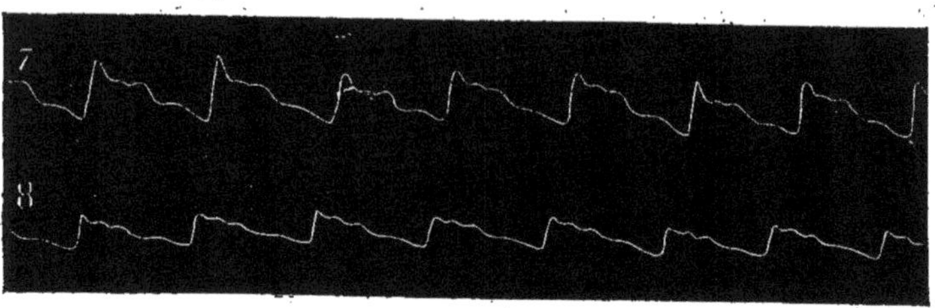

Des deux tracés de cette figure, le premier (n° 7) a été pris un instant avant l'ingestion de cinq cents grammes d'une décoction de café cru (125 grammes de café pour un litre d'eau ; ébullition jusqu'à réduction de moitié du liquide), le second (n° 8) a été recueilli quarante-cinq minutes après.

Enfin les deux tracés suivants se rattachent à une expérience dans laquelle, à jeun, cinquante centigrammes de citrate de caféine ont été absorbés, sous forme pilulaire, en une seule fois. Le tracé 9 répond au moment même où j'allais prendre le médicament ; le tracé 10 a été obtenu soixante-cinq minutes après.

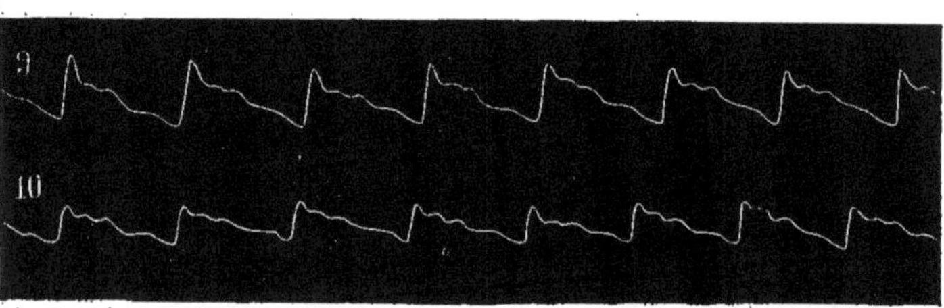

Chacune de ces quatre figures nous présente une différence très-marquée entre le tracé supérieur et l'inférieur. Dans ce dernier cas, la montée est moins haute et moins verticale, l'amplitude des rebondissements est plus faible, et le sommet de la pulsation moins aigu ; ce sommet devient même un plateau véritable dans le tracé 6 et surtout dans le tracé 4 ; ces caractères attestent l'augmentation de la tension dans les artères.

Ce que le sphygmographe indique avec une précision quasi-mathématique, la simple exploration tactile du pouls le faisait déjà prévoir. Percival (1), les Drs Colet et Cellarier, ont signalé que, sous l'influence du café et sous celle du thé, dont l'alcaloïde présente avec la caféine une analogie parfaite, probablement même une identité absolue, on trouve le pouls petit, serré, résistant, filiforme. J'ai souvent moi-même constaté les mêmes caractères.

Deux causes coucourent à produire cette augmentation de tension : l'*hypercynèse ventriculaire* d'une part, de l'autre la *contraction de la tunique musculaire du système artériel*. La caféine, en effet, imprime aux fibres de cette tunique une excitation analogue à celle que nous l'avons vue produire sur les muscles de l'estomac et de l'intestin et sur le cœur. Cette contraction a pour effet de diminuer le calibre des artères; mais il s'en faut que cette diminution porte dans une égale proportion sur le calibre de tous les vaisseaux. Très-peu prononcée sur les gros troncs, elle est considérable au contraire dans les rameaux de petit calibre, dans ces artérioles qui terminent le système à sang rouge et que souvent leur finesse fait, dans le langage habituel, confondre sous un même nom avec les capillaires vrais. C'est là le fait d'une loi générale de la contractilité artérielle, loi découverte par Hunter, en vertu de laquelle cette contractilité est de plus en plus grande à mesure qu'on observe des vaisseaux plus éloignés du cœur. L'histologie nous donne la raison de cette loi en nous montrant que l'élément contractile prend, dans la structure des artères, une place d'autant plus importante que ces vaisseaux sont de moindre volume, au rebours de l'élément élastique qui devient de plus en plus prédominant lorsque des capillaires on remonte vers l'organe central de la circulation.

Les capillaires eux-mêmes, en ne comprenant sous ce nom

(1) Remarques sur les effets médicamenteux et délétères du thé vert. Dublin hospital Reports, t. II; 1817.

que les seuls vaisseaux où la tunique moyenne n'est plus représentée même par de simples noyaux, sont-ils contractiles? C'est là une question délicate de physiologie, bien loin encore d'être résolue définitivement, et dont la discussion m'entraînerait trop loin de mon sujet. Je me bornerai à dire que si la nature hyaline de la tunique de ces vaisseaux leur a fait refuser par un grand nombre d'auteurs la propriété contractile, d'autres au contraire n'hésitent pas à la leur attribuer. C'est ainsi que MM. Schultze, Brucke et Stricker (de Vienne) considèrent cette propriété comme inhérente au tissu même dont sont formés les capillaires (*protoplasma* de Stricker.)

Quoi qu'il en soit, le résultat nécessaire de la contraction des artérioles et de celle des capillaires (si on l'admet) est d'opposer à l'écoulement du sang dans les veines un obstacle considérable. C'est en effet là ce qui a lieu sous l'influence de la caféine, comme sous celle de tous les agents vaso-moteurs.

Propulsion plus énergique du sang par la systole ventriculaire, obstacle apporté par le rétrécissement des petits vaisseaux au libre écoulement de ce liquide; telles sont, avec la diminution de l'extensibilité des parois artérielles par le fait même de leur contraction, les causes de cette augmentation de tension que nous ont démontrée le cardiomètre et le sphygmographe.

L'*ischémie* qui résulte de cette état de contraction des vaisseaux dans les différents points de l'organisme se traduit à la muqueuse digestive par la pâleur que nous y avons déjà signalée d'après MM. Falck et Stuhlmann; à la peau, par la décoloration de la face que Trousseau et la plupart des auteurs ont constatée. Nous verrons, quand nous étudierons l'influence du café sur les fonctions cérébrales, que cet état de la circulation y joue un rôle de la plus grande importance. Pour ne parler ici que d'un fait, c'est évidemment à l'ischémie encéphalique qu'il faut attribuer cette tendance syncopale signalée par M. Stokes (1)

(1) Traité des maladies du cœur et de l'aorte, traduction française du Dr Sénac; Paris, 1864, p. 525. In-8°.

sous l'influence du thé, et, sous celle du café, par MM. Colet et Cellarier, tendance dont j'ai moi-même plusieurs fois éprouvé un léger degré.

On sait qu'il existe, au moins en règle très-générale, une étroite liaison entre l'état du système vasculaire et celui de la pupille; la dilatation de celle-ci accompagne le resserrement des vaisseaux, et inversement sa contradiction a lieu quand leurs parois sont relâchées. La structure éminemment vasculaire de l'iris, qui a valu à cette membrane d'être comparée à un organe érectile, donne, avec son mode d'innervation, la raison de ces rapports fonctionnels. Comme les autres agents vaso-moteurs, la caféine dilate la pupille. Ce phénomène est très-peu prononcé, comme j'ai pu m'en convaincre en observant sur moi-même, lorsque la dose de caféine absorbée est modérée; il s'accuse, au contraire, avec force si la dose est toxique; c'est ce qu'ont souvent observé MM. Voït, Stuhlmann et Falck.

Il me reste à signaler ici un dernier effet de la contraction des petits vaisseaux et de l'excès de tension artérielle qui en résulte. Je veux parler de la *gêne de la circulation en retour*. De la difficulté qu'a le ventricule à se vider dans les artères, par suite de cet excès de tension, résulte l'accumulation et une stase relative du sang dans les cavités situées en arrière de lui, c'est-à-dire dans l'oreillette et dans les grands vaisseaux veineux. Chez les animaux empoisonnés dans leurs expériences, MM. Falck et Stuhlmann trouvaient communément à l'autopsie les oreillettes distendues et gorgées de sang noir; il en était de même des gros troncs veineux du thorax et de ceux du cou. Souvent, à la surface externe de l'estomac et de l'intestin, du gros intestin surtout, ces observateurs ont trouvé de grosses veines semblablement distendues. Le foie enfin présentait constamment les caractères de la congestion veineuse : coloration rouge-brune, et issue à la coupe, par les ouvertures béantes des veines, d'une grande quantité de sang noir devenant rutilant à l'air et s'y coagulant rapidement. Ces remarques justifient l'idée assez répandue que l'usage du café est nuisible aux hémorrhoïdaires ; elles donnent raison aussi à M. Jomand qui a constaté sur lui-même, par la percussion, l'augmentation de volume du foie sous l'influence de hautes doses de café répétées plusieurs jours de suite, et qui attribue à cet agent la propriété de produire la congestion de l'organe hépatique.

Action de la caféine sur la respiration et sur la calorification.

En dehors de certaines conditions pathologiques que nous aurons à étudier ailleurs, les doses modérées de caféine paraissent n'avoir sur la *respiration* qu'une action très-faible, et le plus souvent inappréciable. Pour mon compte personnel, je n'ai pu, dans mes expériences, constater relativement à cette fonction aucun phénomène qui fût en dehors des conditions physiologiques. Ce n'est que dans des cas d'abus considérable de café et surtout de thé que Percival et MM. Colet et Stokes ont vu se produire l'oppression, la dyspnée, l'anhélation avec accélération et irrégularité des mouvements respiratoires. Dans un cas cité par Percival, il y avait toutes les cinq ou six minutes un accès simulant l'asphyxie. Une toux convulsive habituelle était un des symptômes du cas d'intoxication chronique observé par le Dr Cellarier, et dont j'ai déjà parlé.

Les doses toxiques, au contraire, ont sur la respiration une influence très-marquée et qui paraît constante : les mouvements respiratoires sont considérablement accélérés. Je suis étonné de rencontrer une assertion tout opposée dans le savant article consacré par M. Sée à l'*Asthme* et aux *Dyspnées* (1). Suivant ce professeur, tandis que les doses modérées de caféine ne changeraient rien au rhythme normal de la respiration, ou même l'accéléreraient un peu, les doses considérables en produiraient

(1) Nouveau Dictionnaire de médecine et de chirurgie pratiques, t. III.

ıe ralentissement. D'accord avec M. Sée sur la première de ces propositions, je ne saurais accepter la seconde. Dans la relation si complète et si précise des expériences de MM. Stuhlmann et Falck, je trouve en effet constamment signalées l'anhélation, l'accélération des mouvements respiratoires. De son côté, M. Leven dit avoir vu cette fonction considérablement accélérée, et cela s'accorde très-bien avec les faits observés par M. Stokes et par Percival.

On ne saurait actuellement assigner à ces troubles de la respiration une cause bien certaine. Dépendent-ils d'une action particulière et directe de la caféine sur le centre nerveux respiratoire? Tiennent-ils à quelque modification de la circulation dans le bulbe dont l'ischémie est au moins supposable? Y a-t-il là une action réflexe provoquée par un état d'hyperesthésie de la muqueuse broncho-pulmonaire? Ces différentes hypothèses ont été, je crois, émises, mais aucune ne me paraît suffisamment démontrée. Peut-être ces troubles résultent-ils tout simplement de l'état de la circulation pulmonaire que nous ont fait connaître les autopsies de MM. Stuhlmann et Falck. Au milieu d'un parenchyme blanc ou légèrement rosé, ces physiologistes ont toujours trouvé une grande abondance de vaisseaux gorgés de sang rutilant qui donnaient aux poumons, dans leur ensemble, une couleur rouge vive. Deux ou trois fois même ils y ont vu de petits foyers hémorrhagiques. La congestion pulmonaire a été notée aussi par M. Leven. C'est là, sans doute, une congestion passive due à la gêne de la circulation en retour dans les veines pulmonaires, analogue par conséquent quant à son mécanisme à la congestion du foie dont nous avons parlé plus haut.

J'ai peu de chose à dire des troubles que présente la *calorification* sous l'influence de la caféine. En songeant à la contraction des petits vaisseaux, on est porté à admettre *a priori* un amoindrissement de cet acte physiologique. A n'envisager que la température périphérique, cette vue de l'esprit se vérifie en effet : le refroidissement de la peau et des extrémités a été noté par MM. Cellarier et Lamare-Piquot sous l'influence du café à fortes doses, et M. Colet dit avoir vu le café et le thé, pris en grandes quantités, produire un refroidissement des pieds et des mains tel que l'immersion dans l'eau chaude parvenait à peine à les réchauffer.

Si l'on mesure la température au moyen du thermomètre introduit dans le rectum ou placé sous la langue, on trouve, au lieu de cet abaissement, une élévation de 0°,3 d'après le professeur Sée (1) et que j'ai vu même, sur moi, atteindre 0°,5. Ces faits, qui, je me hâte de le dire, sont encore bien peu nombreux et demandent à être confirmés, semblent justifier la théorie de M. Marey sur la chaleur animale et le rôle de régulateur qu'y joue la contractilité artérielle.

MM. Stuhlmann et Falck ont vu le thermomètre introduit dans le rectum d'un lapin empoisonné par la caféine descendre de 37°,5 à 24°,0. Mais cette décroissance considérable de la température ne s'est produite qu'à la période ultime, alors que l'animal était près de succomber.

Action de la caféine sur le système nerveux et sur l'appareil musculaire.

L'action exercée par l'infusion de café torréfié sur le système nerveux, telle qu'elle se produit dans les conditions hygiéniques où cette liqueur est habituellement prise, est celle que les auteurs ont le plus remarquée. En dehors même du monde médical, chacun connaît depuis longtemps cette propriété qu'a la *fève d'Yemen*, comme disent les poëtes, d'exciter la pensée, de rendre plus vive l'imagination, plus facile et plus alerte le travail de l'esprit, heureuse propriété qui a justement valu au café tant de reconnaissante affection parmi les ouvriers de l'intelligence. Je n'aurais que faire de venir, après que le langage si

(1) Article cité du Nouveau Dictionnaire de méd. et de chir. prat., t. III.

pittoresque de Trousseau en a tracé la vive peinture, décrire cet *éveil du cerveau*, cet *état spasmodique et vaporeux*, cette *mobilité* qu'il produit sur les tempéraments nerveux que n'a pas blasés l'habitude (1).

L'*insomnie* n'est pas un effet moins connu du café; je me bornerai à rappeler que cette insomnie ne se produit guère que chez les gens non accoutumés, ou chez ceux qui, habitués à prendre le café le matin, en prennent accidentellement le soir et en plus grande quantité. J'ajouterai, avec Trousseau, qu'elle a pour caractère remarquable de n'être pas pénible, accablante comme celle que produisent certains états morbides ou quelques autres agents de la thérapeutique, l'alcool par exemple, dans certains cas, le tabac, et l'opium lui-même chez quelques sujets.

On a attribué au café la propriété de rendre « les sens plus sagaces et d'un fonctionnement plus précis » (2), le Dʳ Jomand a remarqué que, sous son influence, sa susceptibilité pour les odeurs était augmentée. Bien que cet effet ne se soit jamais produit chez moi d'une manière appréciable, il est attesté par des observerteurs dont la parole a trop de poids pour que je songe à le révoquer en doute; du reste il s'accorde bien avec les phénomènes d'excitation cérébrale qui viennent d'être indiqués.

J'ai prononcé le mot d'*excitation cérébrale ;* une telle excitation existe-t-elle réellement? Y a-t-il dans ces effets de la caféine le fait d'une stimulation véritable et directe par cet agent de l'élément nerveux, et doit-on admettre ici une modification dynamique de la cellule où s'élabore la pensée? Cette interprétation paraît avoir été celle de Londe et de Nysten; c'était celle adoptée par Trousseau. Elle n'est plus guère admise aujourd'hui. Bien qu'une action de ce genre paraisse s'exercer sur les

(1) Trousseau et Pidoux, Traité de thérapeutique, t. II, p. 530.

(2) Fonssagrives, Hygiène alimentaire, p. 49. — Trousseau et Pidoux, Traité de thérapeutique, t. II, p. 531.

nerfs du mouvement, comme nous le verrons plus loin, je rejette aussi cette manière de voir. Si ces effets étaient ceux d'une excitation *particulière* des centres nerveux, cette excitation devrait se montrer dans tous les cas où de la caféine a été absorbée, et, dans tous les cas, se traduire par des phénomènes identiques. Or il est loin d'en être ainsi. Cette heureuse influence du café, sur laquelle les auteurs se sont étendus avec complaisance, ne s'observe en effet que lorsqu'elle est préparée, en quelque sorte, par un état opposé ; ainsi, lorsque le café est pris pendant l'engourdissement qui accompagne la digestion et celui que produit l'alcool, ou quand le travail intellectuel trop prolongé, une inclinaison trop assidue du front vers le livre ou le bureau a amené un certain degré de congestion de l'encéphale. Mais si la caféine est prise dans des conditions opposées, à jeun particulièrement, si surtout on force un peu la dose pour en exagérer l'effet et le rendre plus sensible, la scène est bien différente. Au lieu de cette brillante excitation des facultés psychiques, c'est de la paresse, une sorte d'indolence de la pensée qu'on observe. J'ai souvent constaté sur moi-même cette action du café qu'avait indiquée déjà le D* Lamare-Piquot. Ce n'est pas de l'assoupissement ni de la somnolence, c'est une sorte de vague de l'esprit, une difficulté de l'intelligence à se fixer sur une idée, à s'appliquer. Cet état des facultés intellectuelles s'accompagne toujours d'une sensation de vide dans la tête et souvent d'une légère céphalalgie. Celle-ci est signalée dans la thèse de M. Jomand et je l'ai observée toutes les fois que je me plaçais sous l'influence d'une dose un peu forte de caféine. Elle est d'ailleurs trèslégère et je ne l'ai jamais vue durer que de quinze à vingt-cinq minutes. Chez moi elle siégeait toujours dans la région susorbitraire gauche.

L'hypothèse d'une stimulation directe de l'élément nerveux par la caféine ne saurait évidemment expliquer cette opposition que nous constatons entre les effets de cet alcaloïde suivant les conditions où il est absorbé. Son action vaso-motrice, au con-

traire, nous en donne très-bien la raison. Le travail de la digestion et l'action de l'alcool, en relâchant le plan musculaire des
vaisseaux, produisent une augmentation de l'activité circulatoire, d'où résulte l'hyperémie du cerveau ; celle-ci à son tour a
pour effet l'engourdissement, la torpeur de la pensée. Vienne le
café provoquer la contraction vasculaire, l'afflux sanguin sera
ramené dans l'encéphale à son taux normal, et les fonctions intellectuelles s'exerceront dans toute leur liberté. Pris au contraire en dehors de toute condition excito-vasculaire, le café
trouvant dans l'organe de la pensée l'irrigation sanguine au
degré normal, la fait descendre au-dessous de ce degré. Or l'exagération et l'amoindrissement du degré normal d'injection sanguine du cerveau sont également préjudiciables à ses fonctions
et particulièrement à la principale d'entre elles, l'action de
penser. C'est ainsi que mon excellent ami le Dr Bordier a pu dire
avec raison du délire : « Ce trouble peut tenir à l'hyperémie
« aussi bien qu'à l'ischémie, toutes deux également distantes,
« l'une au delà, l'autre en deça du degré normal, seul efficace
« au point de vue de la fonction » (1). Aussi voyons-nous la
torpeur intellectuelle que produit la caféine très-bien dissipée
par les agents qui relâchent les vaisseaux, tels que l'alcool, de
même que le café éveillait l'intelligence assoupie par les fumées
du vin et l'état congestif qui suit le repas.

En même temps que se produisent dans les fonctions intellectuelles les effets qui viennent d'être étudiés, apparaissent de remarquables phénomènes du côté de l'appareil musculaire. Dans
les conditions hygiéniques habituelles, cet appareil ne montre
guère, sous l'influence du café, que les symptômes d'une excitation légère et bienfaisante : aptitude plus grande au mouvement, activité physique en rapport avec l'activité intellectuelle.
Mais, dans les conditions contraires que nous avons supposées,

(1) Des Nerfs vaso-moteurs ganglionnaires. Thèse de Paris, 1868, p. 60.

les phénomènes sont ceux d'une stimulation exagérée, et ils m'ont paru d'autant plus sensibles que cette stimulation factice est moins utilisée par l'exercice. Ce sont des *frémissements musculaires*, des spasmes fibrillaires et erratiques, mais affectant, du moins chez moi, une prédilection marquée pour les muscles du mollet et pour les fléchisseurs des doigts. A la main il en résulte une incoordination des mouvements que l'on peut très-bien comparer à un état choréique léger. Je l'ai vue plusieurs fois chez moi rendre l'écriture moins facile et lui donner un degré insolite d'irrégularité.

Il ne faut pas confondre ces frémissements, phénomène primitif résultant d'une excitation de la fibre contractile et qu'accompagne plutôt une augmentation qu'une diminution de force dans l'acte musculaire, avec le *tremblement*, phénomène secondaire qui apparaît quelques heures après et que distinguent la régularité dans l'agitation et l'état concomitant d'affaiblissement. La cause de ce tremblement est la fatigue produite par l'excitation spasmodique de la fibre. Cette distinction entre le frémissement fibrillaire et le tremblement est bien établi dans la thèse de M. Jomand, il est facile d'en constater expérimentalement la différence.

Le sphygmographe m'a fait voir que la fatigue arrive dans la fibre lisse des vaisseaux comme dans les fibres striées des membres. Dans la période de tremblement, en effet, la fatigue vasculaire se traduit par la rapidité plus grande du pouls et par la diminution de la tension artérielle qui devient plus faible, non-seulement que pendant la période de frémissement musculaire, mais même qu'à l'état normal et avant l'injection de la caféine. C'est là un de ces phénomènes de réaction auxquels donnent lieu tous les agents vaso-moteurs, le froid par exemple.

La caféine paraît exercer sur les fonctions de la *sensibilité* une influence moindre que sur celles du mouvement et de l'intelligence. Ce n'est en effet que quand les doses deviennent excessives que ces troubles se produisent, et peu de médecins ont eu occasion de les observer. Le Dr Colet cependant a vu, sous l'influence d'un abus quotidien de thé ou de café, apparaître des fourmillements du cuir chevelu, des troubles de la vue, de l'anesthésie. Ces phénomènes s'ajoutaient à de graves désordres de l'intelligence, des fonctions de nutrition et du mouvement. Ainsi, dans quelques cas, l'intoxication était prononcée au point de produire la syncope et les convulsions.

Les doses fortement toxiques de caféine employées dans les expériences sur les animaux paraissent paralyser la sensibilité, mais secondairement et après l'avoir d'abord exaltée. Si en effet, MM. Stuhlmann et Falck ont, à la période ultime, constaté l'anesthésie cutanée sur tout le corps, la tête seule exceptée, ils ont souvent vu, avant cette période, les animaux témoigner en se grattant vivement, de démangeaisons à la peau, et en poussant des cris plaintifs de douleurs dont le siége n'a pu être précisé. Enfin, ces animaux cherchaient les coins obcurs, comme si leur rétine était douloureusement impressionnée par la lumière.

Mais de tous les désordres causés par ces doses de caféine, les plus remarquables sont ceux dont l'appareil locomoteur est le théâtre. Aussi est-ce par ceux-là mêmes qu'elle se caractérise toxicologiquement : *La caféine est un poison tétanisant ;* elle ne tue pas, il est vrai, dans le tétanos, mais pendant le relâchement musculaire qui suit cet état ; c'est là ce qu'ont bien démontré les recherches expérimentales de Voït et d'Albers (de Bonn), celles de M. Leven et celles surtout si souvent invoquées dans ce travail de MM. Falck et Stuhlmann.

La toxicologie de la caféine ne devant m'occuper ici qu'autant qu'elle fournit au thérapeutiste des notions physiologiques dont il puisse tirer parti, je n'entrerai pas dans le détail de ces intéressantes recherches ; renvoyant le lecteur curieux de ce genre d'étude aux mémoires des auteurs que j'ai cités tout à l'heure (1),

(1) Albers (de Bonn), Gazette des hôpitaux, avril 1853. — Voit, Untersuchungen

je me bornerai à résumer sommairement les faits principaux qui en ressortent.

Les animaux empoisonnés par la caféine sont presque aussitôt pris d'un tremblement intense qui accompagne les troubles indiqués plus haut des fonctions circulatoire, digestive, et respiratoire. Bientôt ce tremblement fait place à des convulsions toniques qui, lorsque la dose du poison est considérable, peuvent apparaître d'emblée. Les membres se roidissent énergiquement ; les postérieurs sont étendus suivant l'axe du tronc, les antérieurs sont ramenés en arrière vers le côtés du thorax, de telle sorte que, malgré un degré prononcé d'opisthotonos, le menton des animaux porte quelquefois sur le sol. Cet état de contracture est plus violent au train postérieur qu'à l'antérieur; il est assez prononcé encore dans celui-ci cependant pour qu'on puisse, comme je me suis amusé à le faire, tenir une grenouille empoisonnée suspendue un instant sur une baguette passée sous ses membres thoraciques.

Au bout d'un temps qui varie de quelques secondes à deux ou trois minutes, la roideur tétanique cesse et le relâchement musculaire lui succède. Le plus souvent, surtout chez les mammifères, la transition entre ces deux états opposés est marquée par quelques secousses cloniques. M. Leven a fait, avec raison, remarquer que ce relâchement n'est pas une paralysie vraie; la contractilité n'est pas abolie pendant qu'on l'observe, elle est seulement au repos absolu. La preuve en est dans la facilité très-grande avec laquelle le moindre attouchement réveille l'état tétanique. Cet effet de l'intoxication caféique est des plus faciles à constater, sur la grenouille par exemple. C'est lui qu'indiquait Voït en disant que la caféine a la propriété *d'augmenter la disposition aux mouvements réflexes*, mot fort juste, et qui indique un rapprochement très-légitime à faire entre la caféine et la strychnine.

uber den Einfluss des Kochsalzes, des Kaffees, etc.; Munich, 1860. In-8°. — Leven, Archives de physiologie normale et pathologique, 1868, p. 179.—Stuhlmann et Falck, Virchow's Archiv, 1857, p. 324 et 481.

 En dehors de toute excitation extérieure cet état de repos des muscles ne dure qu'un instant, et l'on voit bientôt réapparaître le même ensemble de phénomènes se produisant dans le même ordre : convulsions toniques habituellement suivies de quelques secousses cloniques, puis de nouveau relâchement musculaire. A moins que la dose n'ait été considérable, la mort n'arrive qu'après un certain nombre de semblables attaques ; à mesure que celles-ci se multiplient, la fausse paralysie qui sépare les accès convulsifs tend de plus en plus à devenir une paralysie véritable et, quand le moment approche où l'animal doit succomber, il devient très-difficile, souvent même impossible de provoquer cette action réflexe que nous avons vue si facile à produire au début. MM. Stuhlmann et Falck sont donc au moins bien près de la vérité quand ils disent que les animaux meurent paralysés.

Les autopsies rapportées par ces deux physiologistes ne nous apprennent pas grand'chose relativement à la manière dont la caféine produit le tétanos et la mort. Ils ont trouvé les méninges cérébrales et rachidiennes dans un état très-variable d'injection sanguine ; tantôt cette injection était au degré normal ; tantôt elle était augmentée ou au contraire diminuée. La substance nerveuse au contraire tant du cerveau que de la moelle « n'était jamais hyperémiée, mais modérément pourvue de sang dans tous les cas ; on peut dire même tout à fait anémiée ». Suivant ces deux auteurs, la caféine tue *par paralysie*, en « brisant la force nerveuse ». Pour M. Leven c'est en *irritant* la moelle et le cerveau qu'elle cause la mort. Malgré leur apparente contradiction, il n'est pas difficile de mettre ces deux théories d'accord ; on peut en effet les réunir dans une seule proposition et dire : c'est par le fait d'une excitation primitive trop violente que, secondairement, la caféine brise la force nerveuse et produit la paralysie.

Quel est le mécanisme de l'état tétanique ? M. Leven me paraît avoir seul cherché à résoudre cette question. Ayant détruit le tiers inférieur de la moelle chez une grenouille, et paralysé ainsi le train postérieur dont la circulation restait d'ailleurs intacte, il a vu la caféine produire l'opisthotonos et le tétanos du train antérieur, mais n'influencer en rien les membres abdominaux. Le même expérimentateur a observé que, si l'on détruit la moelle d'une grenouille préalablement tétanisée par la caféine, on fait immédiatement cesser l'état tétanique. Il en conclut, avec raison sans doute, que c'est dans la moëlle et non dans le nerf ou dans le muscle qu'est le principe de cette convulsion. Mais comment la caféine agit-elle sur la moelle ? Est-ce simplement en y diminuant l'afflux du sang rouge ? Est-ce par l'état de gêne de la circulation en retour, en y augmentant la proportion du sang veineux ? Ou bien cet alcaloïde a-t-il sur l'élément nerveux médullaire une action dynamique spéciale et directe ? M. Leven ne craint pas de se prononcer affirmativement dans ce dernier sens. Pour moi, loin de nier cette action dynamique, je penche au contraire à l'admettre, mais à titre seulement d'hypothèse ; car, ne trouvant dans le travail de M. Leven lui-même absolument aucune preuve à l'appui, je crois devoir à ce sujet réserver mon jugement.

Action de la caféine sur les sécrétions et en particulier sur la sécrétion urinaire.

Les doses modérées de caféine n'ont, sur la fonction de la plupart des glandes qu'une action peu sensible. Quant aux doses toxiques, on peut dire d'une manière générale qu'elles augmentent la quantité des produits de sécrétions.

Salive et sécrétion intestinale. — Je ne veux pas revenir ici sur la salivation ni sur le flux intestinal que MM. Stuhlmann et Falck ont observé chez les animaux empoisonnés par eux. On se rappelle que ces deux hypercrinies, au moins douteuses lorsque la dose de caféine n'est pas considérable, ne s'accusent nettement que sous l'influence de doses toxiques, et qu'elles doivent, selon moi, être attribuées à l'excès de tension artérielle.

Sécrétion biliaire. — D'après Lehmann, la caféine augmenterait la sécrétion de la bile et suivant Liebig s'éliminerait en partie par cette sécrétion en concourant à constituer la taurine. Faut-il établir un rapprochement entre cette opinion de Lehmann et la congestion hépatique observée par M. Jomand pendant la vie, et par MM. Stuhlmann et Falck à l'autopsie? Nous ne savons rien de positif à cet égard.

Sueur. — Il est assez généralement admis que le café diminue la transpiration ; j'ai lieu aussi de conclure de mes observations personnelles que l'action primitive et principale de la caféine sur les glandes sudoripares est d'en modérer la sécrétion. La cause en est sans doute dans la diminution de l'apport sanguin à ces glandes par les capillaires contractés. Plusieurs auteurs cependant, avec M. Cellarier, attribuent au café une action diaphorétique. Cela tient sans doute soit à ce qu'ils ont surtout remarqué l'effet passager de la caféone et de la chaleur de l'infusion, soit à ce que, dans les cas observés par eux, l'action secondaire ou réactionnelle de la caféine qui se résume dans la fatigue et le relâchement des vaisseaux, était assez prononcée pour donner lieu à la diaphorèse. Bien que ce dernier phénomène m'ait paru n'être pas habituel, je crois cependant qu'il peut se produire.

Sécrétion urinaire. — L'action de la caféine sur la sécrétion de l'urine et sur son excrétion a plus d'importance et mérite de nous arrêter davantage. Comme tous les agents qui augmentent la tension artérielle cet alcaloïde est *diurétique*. On s'accorde généralement à reconnaître au café la propriété d'augmenter la production de l'urine, et cette propriété a été plusieurs fois dé-

montrée rigoureusement par des observations pondérales. Celles
de M. Jomand donnent, il est vrai, un résultat opposé ; mais les
conditions dans lesquelles il s'était placé pour expérimenter sont
tellement différentes des conditions ordinaires et normales
qu'on ne saurait, relativement à la question qui nous occupe,
porter un jugement général basé sur les faits qu'il rapporte.

Cette diurèse toutefois n'est pas aussi considérable qu'on serait tenté de se l'imaginer. Dans une série d'expériences faites
sur la même personne Bœcker (1) a constaté que la quantité
d'urine émise en vingt-quatre heures était en moyenne de
1364 grammes les jours où elle ne prenait pas de café et de
1733 grammes les jours où elle en prenait. La différence, on le
voit, n'est pas très-considérable, car elle dépasse à peine le quart
du chiffre inférieur. Dans mes expériences personnelles, la quantité d'urine n'a pu être relevée exactement ; il m'a semblé toutefois qu'elle n'était pas considérablement augmentée et qu'elle
l'était davantage par les préparations aqueuses de café (infusion
de café torréfié et décoction de café cru) que par le citrate de
caféine. C'était là un fait aisé à prévoir, car il en est ainsi avec
tous les médicaments qui produisent la diurèse par le même
mécanisme, c'est-à-dire en augmentant la tension artérielle, la
digitale par exemple.

Ce qui m'a surtout frappé dans mes expériences, c'est bien
moins l'abondance de l'urine que la fréquence du besoin de
l'émettre. Peut-être en attachant, comme on l'a fait, une certaine importance à l'action diurétique du café, a-t-on tenu trop
de compte du nombre des mictions et pas assez de l'abondance
de chacune d'elles. Ce besoin presque continuel de pisser me
semble prouver que la tunique musculaire de la vessie est,
comme celle de l'intestin et de l'estomac, vivement stimulée et
dans un état de contraction presque permanent. Dans les expériences de MM. Falck et Stuhlmann les déjections alvines ont été

(1) Beitrage zur Heilkunde, t. I, p. 188 ; 1849.

plusieurs fois accompagnées d'émission d'urine, et le plus souvent, ces observateurs trouvaient, à l'autopsie, la vessie vide et contractée et sa muqueuse pâle, exsangue et ridée. Tout récemment mon excellent ami le Dr Laféron m'a parlé de trois malades observés, je crois, par M. le professeur Verneuil, et chez lesquels des rétentions graves d'urine auraient eu manifestement pour cause l'usage du café. Ces trois faits constituent certainement des exceptions bien rares. Cependant, quand bien même ils se présenteraient sans la haute garantie d'authenticité que leur donne le nom du savant chirurgien de Lariboisière, ils ne seraient pas inadmissibles. Il faut supposer que chez ces malades, contrairement à ce qu'il est ordinaire d'observer, les fibres du col vésical ont été bien plus énergiquement spasmodisées que celles du fond et du corps du réservoir urinaire, et cela en vertu d'une de ces causes prédisposantes que nous ne pouvons, quant à présent, apprécier, et que nous sommes obligés de réserver en les décorant du titre provisoire d'*idiosyncrasies.*

Mais ce n'est pas seulement la quantité de l'urine et son excrétion que modifie la caféine, c'est encore sa qualité, sa composition, et cette dernière modification n'est sans doute pas la moins importante. Le café diminue la sécrétion de l'urée, de l'acide urique et de l'acide phosphorique. Dans la série d'expériences dont j'ai parlé plus haut, Bœcker a trouvé les moyennes suivantes qui sont très-significatives :

	Jours où le sujet ne prenait pas de café.	Jours où le sujet prenait du café.
Quantité d'urine en 24 heures.	1,364 gram.	1,733 gram.
Urée..	22 —	12 —
Acide urique..	0,578	0,402
Acide phosphorique..	1,291	0,854

Ces chiffres nous montrent que l'action de la caféine sur la sécrétion rénale a pour effet d'augmenter la quantité d'eau de

l'urine en en diminuant les parties solides, notamment l'urée.
Depuis quelque temps déjà on avait remarqné que le café rend
les urines claires et limpides en même temps qu'il en augmente
la quantité. Les expériences de Bœcker ont été confirmés depuis
par celles de Lehmann, Frœlich, Lichtenfels, Voit et Schutze
(de Breslau). Il paraît donc aujourd'hui bien démontré que le
café diminue les déchets organiques, qu'il ralentit le mouvement moléculaire de décomposition des tissus. On connaît le
parti que tire l'hygiène de ce fait (alimentation des mineurs, des
caravanes arabes et des troupes françaises en Algérie, etc.).
Nous verrons que sa connaissance n'est pas non plus sans importance pour le thérapeutiste.

Action de la caféine sur les fonctions génitales.

« De toutes les modifications organiques par lesquelles s'est
révélée chez nous l'action du café, dit Trousseau (1), une des
moins douteuses et des plus prononcées que nous avions déjà
pu constater dans d'autres circonstances, c'est celle qu'il exerce
sur le sens génital pour en affaiblir l'énergie. Il n'est pas à notre
connaissance d'*anaphrodisiaque* capable de réduire à une impuissance plus absolue. » Peut-être faut-il n'accepter qu'avec
quelque réserve la dernière phrase de cette citation et y soup-
çonner une de ces exagérations qui échappaient parfois au brillant professeur qui l'a écrite. Néanmoins je crois avec M. Fonssagrives (2), qu'il est impossible de partager, après un examen
sérieux, le doute que conservent encore beaucoup de praticiens
à l'endroit de cette action anaphrodisiaque du café. Les faits
qui l'établissent empiriquement sont nombreux aujourd'hui, et
rien n'est plus facile que d'en augmenter expérimentalement le
nombre. Dans un bon article que j'ai déjà cité (3), M. L. Mar-

(1) Trousseau et Pidoux, Thérapeutique, t. II, p. 532.
(2) Dictionnaire encyclopédique des sciences médicales, article *Anaphrodisiaques*,
t. IV, p. 108.
(3) Nouveau Dictionnaire de méd. et de chir. prat., art. *Café*, t. VI, p. 43.

chand raconte comment il a été amené, en quelque sorte malgré lui, à admettre cette action du café. Un de ses clients, atteint d'une blennorrhagie aiguë, avait chaque nuit des érections très-fréquentes et très-pénibles que n'avaient pu calmer aucun des moyens habituellement employés en pareil cas. Le malade voulut pour échapper à ce supplice éviter le sommeil, et, pour cela, prit du café noir très-fort. Contrairement à son attente, il dormit mais n'eut aucune érection. Averti, M. Marchand crut devoir l'engager à suspendre son café : la corde reparut la nuit ; « il fallut, dit en terminant l'auteur, accepter le moyen que nous offrait le hasard, et reconnaître l'effet anaphrodisiaque du café. » Des faits analogues se trouvent dans les thèses de MM. Macé (1) et Chicou (2). D'après mon excellent maître M. le Dr Martin-Damourette (3), ces faits seraient loin d'être rares dans la pratique.

La résistence que rencontre l'admission de cet effet du café a pour cause la fausse appréciation de l'action générale de cet agent. Le café est un excitant général, dit-on ; donc il doit exciter et non calmer la fonction génitale. Pour moi on sait déjà que je suis loin de considérer ce médicament comme l'analogue physiologique de ceux que l'on a coutume de ranger dans la classe des excitants ; aussi n'ai-je aucune hésitation à admettre son action antiaphrodisiaque et aucune difficulté à interpréter cette action. J'y vois la conséquence toute naturelle du rôle d'agent vaso-moteur que joue la caféine, et je ne suis pas étonné de la voir partager cette propriété de refroidir le sens génital avec toutes les substances qui jouent le même rôle ; témoin le bromure de potassium, l'ergot de seigle, la digitale. C'est là un simple effet de la décongestion sanguine de l'organe copulateur par la contraction des fibres musculaires tant des corps caverneux que de leurs artères afférentes, effet auquel s'ajoute

(1) Thèse de Paris, 1853.
(2) Thèse de Paris, 1859.
(3) Leçons orales inédites.

sans doute un amoindrissement de l'activité sécrétoire du testi-
cule dans lequel l'afflux sanguin est diminué comme dans toutes
les autres glandes.

Il est bien plus difficile de se prononcer relativement à l'action exercée par la caféine sur les *fonctions génitales de la femme*;
les documents offrant un caractère suffisant de certitude nous
font, sous ce rapport, absolument défaut.

Est-il vrai que le café rende les femmes stériles, comme on l'a
prétendu? Je veux bien croire, à la rigueur, que, recevant
moins de sang, les ovaires ralentissent leur sécrétion chez les
femmes qui prennent habituellement du café, chez celles surtout qui en prennent avec excès, et qu'il en puisse résulter pour
elles des retards de règles. Mais admettre que la sécrétion des
ovules soit absolument abolie par le fait du café, me semble
pour le moins une exagération et j'attendrai pour y croire que des
faits suffisamment nombreux et rigoureusement observés soient
présentés à l'appui.

En regard de cette allégation il convient de placer celle toute
opposée de Zimmermann, qui, trouvant que chez les Suissesses les
règles ont une fréquence et une durée plus longue que chez les
femmes des autres pays, attribuait à l'usage du café cette parti-
cularité physiologique. Assez d'autres circonstances sont propres, chez les Suissesses, à produire le phénomène rapporté par
Zimmermann, pour que nous en absolvions le café ; telle est,
pour ne parler que de la principale, l'altitude élevée du pays.

On prétend qu'en Égypte et en Algérie les femmes emploient
le café pour rappeler les règles supprimées; on ne nous dit
malheureusement pas dans quel genre d'aménorrhée elles obtiennent de ce moyen le résultat désiré. Je suis assez disposé à
croire que, comme le seigle ergoté, le café peut être utilement employé à titre d'emménagogue dans certains cas ; je veux parler
de ceux où le retard de règles n'a pas sa cause dans un défaut
d'ovulation, mais bien dans l'insuffisance de la contraction uté-

rine à expulser le sang exsudé et pris en caillots dans la cavité de la matrice. Je doute que dans toute autre espèce d'aménorrhée il puisse rendre de réels services.

On m'a affirmé que beaucoup de sages-femmes emploient, dans l'accouchement, le café pour activer l'expulsion du fœtus, et obtiennent de ce moyen d'assez bons résultats. Ce serait encore comme stimulant de la fibre utérine qu'agirait la caféine dans ce cas. Ne connaissant absolument aucun fait relatif à cet emploi obstétrical du café, je n'en puis parler que théoriquement et d'une façon toute hypothétique; on me pardonnera donc de n'y pas insister davantage.

Résumé de l'action physiologique de la caféine.

Après avoir successivement étudié les effets de la caféine dans chacune des grandes fonctions de l'organisme, qu'il me soit permis de jeter un coup d'œil en arrière et de passer rapidement en revue ces différents effets pour les grouper, montrer les liaisons qu'ils ont entre eux et faire, en un mot, ce que j'appellerais la *synthèse physiologique* de cet alcaloïde, si je ne craignais d'appliquer un trop grand mot à une petite chose.

Si variés que soient les phénomènes auxquels donne lieu la caféine, tous peuvent se ramener à deux seules causes, à deux seuls modes d'action : *action excito-motrice sur la fibre contractile quelle qu'elle soit, — action modératrice du mouvement moléculaire de décomposition.* Absolument inconnue dans sa nature intime, celle-ci a pour effet de diminuer les déchets organiques; elle se traduit par la moindre quantité d'urée, d'acide urique et d'acide phosphorique excrétés.

L'action excito-motrice s'exerce à des degrés divers dans tous les points de l'économie où des fibres contractiles existent. Les expériences de M. Leven nous ont montré que, pour ce qui concerne les fibres striées, ce n'est ni sur le muscle lui-même, ni sur le nerf que s'exerce cette action, mais bien sur le centre nerveux moteur, sur la moelle. Pour les muscles lisses, la même étude n'a pas été faite ; toutefois l'analogie permet de croire que, là aussi, l'action de la caféine porte sur les centres de l'innervation de ces muscles, c'est-à-dire sur les ganglions du grand sympathique. J'entends dire par là non-seulement les ganglions principaux qui se rattachent directement aux deux grands cordons latéro-vertébraux, mais encore tous ces agglomérats plus ou moins considérables de cellules sympathiques que l'on voit multipliés presque à l'infini dans l'organisme, et que l'on trouve particulièrement partout où s'observent des mouvements rhythmiques, cœur (Remack), vaisseaux sanguins (Robin), intestins (Meissner, Auerbach), uretères et canal cholédoque (Manz).

C'est sur le système nerveux de la vie organique que s'exerce presque exclusivement l'action excito-motrice de la caféine aux doses modérées, et c'est aussi dans son ressort qu'apparaissent les premiers symptômes produits par les doses toxiques. Les effets les plus remarquables de l'excitation de ce système s'observent dans les appareils de la circulation et de la digestion.

La caféine excite en même temps les nerfs sympathiques du cœur et ceux des vaisseaux.

De l'*excitation nerveuse cardiaque* dépendent les palpitations, le caractère tumultueux et irrégulier des battements, et leur accélération, si la dose est extrême.

La *galvanisation des vaso-moteurs* a deux conséquences d'une grande importance physiologique :

D'une part, elle *diminue l'afflux sanguin* dans les divers organes, d'où résultent : — à la peau, la pâleur de la face, le refroidissement des extrémités, la diminution de la sécrétion sudorale ; — dans l'œil, le retrait de l'iris, la dilatation de l'ouverture pupillaire ; — du côté des centres nerveux, l'ischémie cérébrale, soit réelle, soit relative, produisant, suivant les circonstances, les effets favorables ou défavorables que j'ai indiqués, sur les facultés intellectuelles, et l'ischémie du bulbe, d'où peut être la dyspnée ;—enfin aux organes génitaux, l'anaphrodisie.

D'autre part, elle *augmente la tension artérielle* et donne lieu ainsi au ralentissement, à la petitesse, à la fermeté du pouls ; — à la diurèse et à la salivation ; — à la gêne de la circulation en retour ; celle-ci, à son tour, a pour effet la stase sanguine dans les veines du tube digestif et particulièrement celles du rectum, la congestion hépatique, celle du poumon, et, sans doute par suite, la dyspnée.

L'*excitation du plan musculaire digestif* produit l'activité plus grande de la digestion, l'anxiété épigastrique, les nausées, les vomissements, les borborygmes et les évacuations alvines. J'en rapprocherai l'*excitation des fibres contractiles de la vessie*, d'où résultent habituellement la fréquence de la miction et, par exception, au contraire, la rétention d'urine.

Les effets qui se rapportent à la *galvanisation de la moelle* se bornent, si les doses sont modérées, à l'augmentation de l'activité physique, aux frémissements fibrillaires et au tremblement consécutif ; aux doses toniques, ce sont les crampes, les convulsions toniques, puis cloniques, enfin l'épuisement de la contractilité, la paralysie.

J'ai omis, dans ce court résumé de l'action physiologique de la caféine, de mentionner les troubles de la sensibilité ; ces troubles, d'une médiocre importance physiologique, sont sans intérêt pour le thérapeutiste. On se rappelle qu'ils consistent dans des phénomènes assez mal accusés d'hyperestésie au début et au contraire d'anesthésie à la période ultime de l'intoxication caféique.

ACTION PHYSIOLOGIQUE DU CAFÉ CRU.

Il me reste, pour compléter cette étude physiologique des préparations de café, à ajouter quelques mots relatifs au café cru. Les effets de celui-ci sont assez différents de ceux du café torréfié, ce qu'expliquent assez bien l'absence du principe aromatique et la présence du tannin. Sauf de légères nuances dues à ce dernier principe, ils sont identiques à ceux de la caféine, que nous venons d'étudier. Dans mes expériences, il m'a semblé que la décoction de café cru avait une action nauséeuse plus prononcée que l'infusion de café noir ou le citrate de caféine, mais j'ai tout lieu de croire que cet effet est dû uniquement au goût fade et à l'odeur désagréable de ce liquide, goût et odeur qui rappellent assez exactement ceux de l'eau dans laquelle on a fait cuire des lentilles. En se reportant aux tracés 7 et 8, on peut voir, par l'augmentation de tension qu'indique le dernier, que l'action du café cru sur les vaso-moteurs est assez énergique. Enfin la diurèse m'a paru plus énergiquement produite par cette préparation que par les autres préparations caféiques que j'ai expérimentées, ce qui tient sans doute à la synergie d'action de la caféine et de l'acide cafétannique.

INDICATIONS THÉRAPEUTIQUES DU CAFÉ ET DE LA CAFÉINE

Bien qu'il soit rarement employé comme médicament, le café est peut-être l'un des agents dont l'emploi ait été préconisé contre les états morbides les plus variés. Nous allons parcourir les trop nombreuses indications que l'on trouve consignées, généralement avec assez de désordre, dans les livres de thérapeutique et dans les recueils périodiques de médecine. Les notions physiologiques qui nous sont maintenant acquises sur l'agent qui fait l'objet de cette étude m'aideront à mettre quelque ordre dans ce pêle-mêle. Autant que possible je ne m'arrêterai qu'à celles de ces indications qu'appuient la sanction d'une observation sérieuse et vraiment scientifique, ou celle d'un rationalisme physiologique rigoureux.

1. *Du café comme sédatif de la circulation.*

Par son action sur les vaso-moteurs, le café, comme la digitale et comme la quinine, est un sédatif de la circulation. A ce titre, il donne lieu à des applications très-variées et plus ou moins légitimes, jouant ici le rôle de décongestionnant et d'antiphlogistique, là celui d'antipyrétique, ailleurs celui de tonique général. Nous allons passer en revue ces indications diverses.

Rhumatisme. — Le professeur Grindel (de l'Université de Dorpat) (1) , l'un des médecins sans doute qui ont le plus employé le café à titre de médicament, rapporte plusieurs cas d'affections rhumatismales dont il a obtenu la guérison au moyen de cet agent. Dans sa thèse inaugurale (2), le Dr Meffre prétend que Feste (de Marseille) obtint par le café la cessation des douleurs chez une dame atteinte de rhumatisme articulaire. M. Marchand enfin (3) a observé un rhumatisant qui, lassé des boissons qu'on lui avait prescrites, s'imagina de prendre du café léger en tisane ; il se sentit soulagé, la douleur diminua, et le mieux commença avec cette médication. — Tous les agents vaso-moteurs, par la décongestion qu'ils amènent dans les articulations malades, en même temps que par leur action antipyrétique, ont une influence favorable sur le rhumatisme articulaire. Il en est ainsi de la digitale, du bromure de potassium et surtout du sulfate de quinine ; ainsi, sans doute aussi, en est-il de la caféine. Le rapprochement établi par Grindel entre le café et le quinquina est donc parfaitement légitime. Ce médecin n'a fait qu'exagérer les vertus du premier en s'efforçant à tort de l'égaler au second. Dans le rhumatisme en particulier, il serait certainement absurde de renoncer à la quinine pour le succédané de Grindel ; toutefois je serais assez disposé à accepter dans cette affection l'usage de la tisane imaginée par le malade de M. Marchand, l'infusion très-légère de café.

Ophthalmies. — On a vanté autrefois le café en applications

(1) Bibliothèque médicale, 1810, t. XXX, p. 96, et 1811, t. XXXII, p. 116.
(2) Paris, 1820.
(3) Article *Café* du Nouveau Dictionnaire de méd. et de chir. prat., t. VI.

— 54 —

topiques ou fumigations dans les ophthalmies (1). Ignorant absolument de quelle nature étaient les ophthalmies dont on prétend avoir ainsi obtenu la guérison, je ne saurais apprécier
cette médication, complétement abandonnée d'ailleurs aujour-
d'hui.

Névralgies congestives. — Parmi les névroses douloureuses, il
en est un grand nombre qui ont pour caractère commun d'être
calmées par le froid, de s'exaspérer par la chaleur et, par suite,
de présenter des rémittences diurnes opposées à des exacerba-
tions nocturnes. Leur cause à toutes est dans un état de congestion de la branche nerveuse, sur le trajet de laquelle existe
la douleur. Ces névralgies sont, on le sait, très-bien calmées par
le sulfate de quinine ; elles l'ont été dans quelques cas par le
café.

Migraine. — La nature et le siége de la migraine ont été, depuis longtemps, l'objet de théories nombreuses et souvent fort
opposées ; aujourd'hui on s'accorde assez généralement à considérer cette maladie comme une névrose vaso-motrice portant
sur les filets qui animent les fibres contractiles de la carotide
et de ses ramifications ; toutefois, la place reste encore pour le
doute et pour les dissidences dans la nature de cette névrose et
dans le siége qu'il faut attribuer aux phénomènes douloureux
qui la caractérisent cliniquement. Pour moi, dont l'attention a
trop souvent été appelée sur la migraine par la visite de cet
hôte incommode, je m'étais depuis assez longtemps arrêté à
une interprétation moins complète il est vrai, mais très-ana-
logue à celle que j'ai trouvée développée dans un article récemment publié par M. Mœllendorf (2). La migraine, suivant ce
médecin, consiste en un défaut d'énergie de l'action des nerfs

(1) Amati (de Naples), cité par Mérat et De Lens, Dictionnaire de matière médicale, article *Coffea*, t. II.
(2) Virchow's Archiv, 20 janvier 1868, et Gazette hebdomadaire, 1868, p. 205.

qui règlent la circulation dans l'arbre carotidien. L'effet de ce défaut de tonicité musculaire est la dilatation des capillaires, et par conséquent l'accumulation du sang dans la partie de l'encéphale où se distribue la carotide. Il en résulte pour les nerfs qui sortent par la base du crâne, à la fois une excitation centrale et une compression. A l'excitation se rapportent l'hyperesthésie de la vue, de l'ouïe, de l'odorat; la sensibilité excessive des téguments crâniens est le fait de l'excitation du trijumeau; les nausées et les vomissements traduisent l'excitation du glossopharyngien et du pneumogastrique. La compression des hémisphères et celle surtout des nerfs qui sortent au-dessus de la tente cérébelleuse, a pour effet les troubles de la vision, la paresse des mouvements du globe oculaire, la pesanteur de la paupière supérieure et les diverses sensations perçues dans le domaine de la distribution nerveuse du trijumeau. Quant à la cause même de cet état fluxionnaire des artères, l'auteur pense qu'elle est due à une excitation passagère des fibres sympathiques, excitation suivie nécessairement d'une perte d'énergie d'une durée plus longue.

Cette théorie me paraît rendre un compte exact et complet des phénomènes par lesquels se caractérise la forme la plus commune de la migraine; mais je crois qu'il existe une autre forme de cette maladie, tout opposée à celle-ci, en ce sens que c'est la période de contraction vasculaire, période essentiellement passagère et fugace dans l'interprétation de Mœllendorf, qui devient, dans cette autre forme, la période principale et dominante. Hyperémique dans le plus grand nombre des cas, la migraine est donc aussi quelquefois ischémique; c'est cette dernière forme que l'on observe chez les chlorotiques, chez les sujets anémiés et nerveux ; c'est elle que paraît avoir observée, surtout Du Boys-Reymond (1), et qu'a bien décrite le professeur Sée dans le chapitre qu'il a consacré aux troubles nerveux

____

(1) Virchow's Archiv 1860.

produits par l'anémie (1). C'est dans les muscles de la face et du crâne, particulièrement dans l'occipito-frontal, que ce professeur localise la douleur de la migraine. Cette assertion me paraît loin d'être suffisamment démontrée.

Il est aisé de comprendre que le même traitement ne saurait convenir à deux formes si opposées de la même maladie. Il en est, sous ce rapport, de la migraine comme des névralgies, et je crois que Trousseau exagérait les chances de guérison qu'offre le café quand il disait : «L'empirisme domestique fait mieux que la science la plus sévère, et le café est en possession de guérir presque tous les maux de tête, ceux au moins qui sont idiopathiques.» Nuisible dans la migraine anémique, dont l'opium et le repos au lit calment à merveille les douleurs, la caféine convient au contraire parfaitement, de même que la quinine, dans la forme congestive, que caractérisent la rougeur de la conjonctive et le larmoiement, l'enfoncement du globe oculaire, le rétrécissement de la pupille et la propriété d'être modérée par le froid et la position assise, exaspérée par la position horizontale et la chaleur de l'oreiller.

Peu importe d'ailleurs la forme sous laquelle on donnera la caféine; communément c'est l'infusion de café noir que l'on emploie ; n'était le prix élevé de ce sel et sa rareté dans le commerce, je lui préférerais le citrate de caféine, qu'ont préconisé Hannon et Eulenburg. On en donne de 25 centigrammes à 2 grammes, ou même 4 grammes (Hannon). Dans sa thèse, que je regrette de n'avoir pu me procurer (2), le Dr Landarrabilco, cité par M. Marchand, rapporte trois guérisons définitives dues à l'emploi du café cru, et c'est cette forme à laquelle il donne la préférence. Rappelons que le Paullinia Fournier, auquel la réclame a fait une réputation certainement exagérée, n'est autre chose qu'une substance à caféine, et que ce n'est que par cet alcaloïde qu'il agit.

(1) Du Sang et des anémies, p. 231. In-8°; Paris.
(2) Thèse de Montpellier, 1866.

Fièvre intermittente. — Le café est depuis longtemps en usage dans certains pays, comme antidote de la fièvre paludéenne. A Batavia il est communément employé, et on assure qu'il y a peu d'années il était encore préféré au quinquina en Hollande. Pouqueville rapporte dans son voyage en Morée que les habitants de ce pays emploient le café uni au jus de citron pour couper la fièvre. Dans une grave épidémie de fièvres intermittentes qui sévit à Bordeaux, en 1805, ce médicament rendit de bons services à Coutenceau et à Labonnardière (1). Mais c'est entre les mains de Grindel qu'il a donné, comme fébrifuge, ses plus brillants résultats (2); sur 80 malades ainsi traités, le professeur de l'université de Dorpat n'eut que 8 insuccès. Aussi est-ce surtout dans le traitement de la fièvre paludéenne qu'il a préconisé le café comme succédané du quinquina. Les tentatives faites dans ce sens depuis lors n'ont pas été aussi heureuses, il est vrai ; néanmoins elles ont montré dans le café un fébrifuge assez sérieux; ainsi M. Dauvin (3) a vu la fièvre intermittente disparaître en très-peu de jours dans plusieurs cas qu'il avait traités par la décoction de café vert. Il préparait cette décoction en faisant bouillir 40 grammes de café cru concassé avec 500 grammes d'eau, jusqu'à réduction à 150 grammes; on filtrait, et le malade prenait ce liquide en trois doses pendant l'apyrexie. M. Delioux de Savignac (4) dit avoir beaucoup employé le café et avoir trouvé en lui «l'un des meilleurs fébrifuges». C'est aussi au café cru qu'il donne la préférence ; il l'emploie de deux manières : en décoction concentrée, à peu près comme M. Dauvin, et en décoction étendue (30 grammes pour 1 litre d'eau dont l'ébullition ne doit enlever que 100 à 200 grammes), qu'il donne comme tisane. C'est surtout à titre d'adjuvant du quinquina que ce thérapeutiste

(1) Bibliothèque médicale, 1809.
(2) Bibliothèque médicale, 1810. p. 96, et 1811, p. 116.
(3) Gazette médicale, 1850, p. 59.
(4) Bulletin de thérapeutique, t. XLVI, p. 172 ; 1854.

distingué conseille l'usage du café dans la fièvre intermittente «Fréquemment, dit-il, chez les sujets en proie aux retours opiniâtres des paroxymes fébriles de la cachexie paludéenne, où l'on ne retirait aucun bénéfice de l'usage isolé du quinquina ou du café, l'union de ces deux médicaments renforcés l'un par l'autre enlevait radicalement le périodisme. » La pratique que recommande surtout M. Delioux consiste à prescrire la tisane de café vert comme boisson journalière, en même temps qu'on administre les préparations quiniques suivant les méthodes ordinaires.

L'adjonction du café aux préparations quiniques se recommande encore à un tout autre titre, mais c'est ici du café noir qu'il s'agit. On sait, en effet, que dans l'infusion de café torréfié le sulfate de quinine perd en grande partie cette amertume qui, chez bien des malades, chez les enfants surtout, en fait un médicament difficile à faire accepter.

La parité d'action, si grande sous plusieurs rapports, notamment sous celui de l'action vaso-motrice, que nous avons vue exister entre la caféine et la quinine, rend aisée à admettre l'efficacité de la première dans les fièvres d'accès. Il serait difficile, autant pour l'un de ces alcaloïdes que pour l'autre, de donner la raison de cette efficacité contre les fièvres de marais. Il faudrait, pour cela, avoir sur la nature de ces fièvres, sur leur physiologie, des connaissances plus complètes que celles que nous possédons. Nous savons qu'elles sont le fait d'un empoisonnement particulier donnant périodiquement lieu à des accès dont chacun peut être considéré comme une attaque de nerfs vaso-motrice : excitation d'abord de la contractilité des petits vaisseaux, puis relâchement vasculaire réactionnel par fatigue du plan musculaire. Mais est-ce là une interprétation qui suffise à satisfaise l'esprit? Evidemment non. Quelle est la nature de ce miasme dont la provenance seule nous est connue? Comment s'exerce son action sur le vaso-moteur? Pourquoi la périodicité des accès?...,. Tels sont quelques-uns des problèmes

nombreux encore et difficiles dont la question des fièvres intermittentes attend la solution. Comment, en cet état de cause,
expliquer le rôle curatif de la quinine et de la caféine? A quel
élément de la maladie s'adressent ces deux alcaloïdes? Peu disposé à croire que ce soit à la *périodicité*, être abstrait, immaté-
riel, sur lequel je ne saurais comprendre que l'action d'un
agent thérapeutique pût s'exercer directement, je ne peux, on
le conçoit, dire si c'est en altérant le miasme lui-même qu'agissent ces deux médicaments, ou si, sans effet direct sur lui, ils se
bornent soit à modifier les aptitudes de l'organisme à en subir
l'influence, soit à combattre, à enrayer les troubles qu'il produit dans l'économie.

Choléra. — Le choléra, dit M. Bordier dans un mémoire sur
l'épidémie de 1866, observée à l'hôpital Beaujon (1), présente
trois phases principales : 1° spoliation par des voies variables ;
2° galvanisation des filets vaso-moteurs du grand sympathique ; 3° relâchement consécutif du vaso-moteur. C'est dans cette
dernière phase qui correspond à la période dite « de réaction
typhoïde ou d'asphyxie chaude, » par Trousseau, et que compli-
quent souvent des congestions locales (cerveau, poumon, etc.),
que le café a rendu d'incontestables services. Trousseau, Reveil,
MM. Gueneau de Mussy et Gubler, ont constaté ses bons effets en
pareil cas, et dans l'article que je viens de citer, M. Bordier rapporte l'observation d'un cholérique dont l'état était assez grave
pour produire la paralysie des ailes du nez, et qui cependant,
guérit par l'usage du café. C'est évidemment dans son action
sur la contractilité vasculaire qu'il faut voir la raison de ces résultats favorables.

Scorbut. — Larrey employait le café dans le traitement du
scorbut. Il paraît qu'on s'en sert souvent en Angleterre comme

(1) Archives générales de médecine, février 1867.

moyen prophylactique de cette maladie. En songeant que le scorbut est une des maladies qu'engendre cet état si bien nommé par le professeur Bouchardat « *misère physiologique,* » état qui se résume dans un excès des dépenses sur les recettes de l'économie, on comprend en effet que le café qui ralentit la dénutrition, qui diminue la dépense, puisse contribuer à rétablir l'équilibre et à préserver de cette maladie.

Scrofule. — Si, comme le prétend le Dr Meffre, le café peut jouer un rôle dans la prophylaxie de la scrofule, ce que je n'ai pas été à même de vérifier, c'est sans doute au même titre.

II. *Du café comme agent de décongestion cérébrale.*

On se rappelle qu'à l'ouverture des animaux tués par la caféine, MM. Stuhlmann et Falck ont trouvé la substance cérébrale et celle de la moelle faiblement pourvues de sang. Cette ischémie des centres nerveux et particulièrement celle de l'encéphale conduit à des applications thérapeuthiques assez nombreuses et que déjà l'empirisme avait fait connaître.

Congestion, commotion et hémorrhagie cérébrales. — La propriété qu'a le café d'éveiller les sens et la pensée avait depuis longtemps conduit à recourir à lui dans la plupart des cas où un afflux sanguin trop considérable dans l'encéphale engourdit ces facultés. On l'a souvent ainsi conseillé avec raison contre l'hébétude des sens et la somnolence des vieillards, et surtout contre la tendance à l'apoplexie.

Robert a obtenu de bons effets de l'infusion de café dans la commotion cérébrale.

Dans l'hémorrhagie même, cet agent s'est montré très-utile comme adjuvant de médications plus énergiques. Le Dr Petit (de Château-Thierry) (1) rapporte plusieurs cas d'apoplexie

(1) Gazette des hôpitaux, 1862, p. 446.

dans lesquels les progrès du mal ont été manifestement ralentis ou arrêtés par le café. On comprend bien en effet que, chez ces malades, l'excitation du vaso-moteur, en diminuant l'afflux du sang dans les vaisseaux rompus ait pour résultat de ralentir l'extravasation de cette humeur et de favoriser la formation d'un caillot qui met fin à son épanchement dans la substance nerveuse.

Fièvres continues. — D'après Mérat et De Lens (1) on fait aux colonies un fréquent usage du café dans les fièvres continues de nature adynamique ou ataxique. Mais c'est surtout Martin-Solon qui a fait connaître, en France, le parti que l'on peut tirer de cet agent dans la fièvre typhoïde (2). Ce médecin considérait avec raison la somnolence et la torpeur comme constituant l'indication principale de cette médication. Elle serait encore indiquée, je crois, par la persistance d'un degré très-prononcé de céphalalgie au delà du premier septénaire et par le délire, surtout si un dicrotisme considérable et le resserrement de la pupille accompagnaient ces symptômes.

L'exemple de Martin-Solon est suivi par M. Fonssagrives. « Nous en faisons, dit l'éminent professeur de Montpellier, un usage constant dans la fièvre typhoïde adynamique, et nous en rapprochons les doses jusqu'à ce que nous ayons obtenu une stimulation suffisante » (3).

C'est encore par l'action vaso-motrice de son alcaloïde que le café peut se montrer utile dans cette affection. On sait que la dothiénentérie est une des maladies dans lesquelles le relâchement des muscles vasculaires est porté au plus haut degré. Les vaisseaux du cerveau participant à ce relâchement, la congestion de cet organe qui en résulte se traduit par la céphalalgie, par le délire, ou bien par l'hébétude, la stupeur, le coma. Il est

(1) Dictionnaire de matière médicale, article *Coffea*, t. II.
(2) Bulletin de thérapeutique, t. III, p. 289 ; 1832.
(3) Hygiène alimentaire, p. 50.

facile, dès lors, de comprendre l'action favorable du café dans les formes de fièvre typhoïde que j'ai indiquées. J'ajouterai que la caféine en même temps qu'elle combat le délire ou la stupeur par son action anémiante du cerveau, action évidemment la plus importante ici, est encore sans doute favorable à un autre point de vue : c'est par son rôle d'agent modérateur de la dé-nutrition ; tout en permettant d'alimenter peu les malades, elle doit ralentir ces pertes considérables de l'organisme, ces éma-ciations énormes, dont l'effet trop souvent est d'enlever aux ty-phoïques toute force de résistance, et dans tous les cas d'en-traîner d'interminables convalescences.

C'est l'infusion de café torréfié qu'employait Martin-Solon et que prescrit M. Fonssagrives. Je crois qu'on pourrait aussi re-courir avantageusement à la tisane de café cru que nous avons vue plus haut employée par M. Delioux de Savignac dans la fièvre intermittente.

Empoisonnement par l'opium et par la morphine ou ses sels. — L'opposition qui existe entre les propriétés du café et celles de l'opium relativement aux phénomènes qui constituent le sommeil a, de bonne heure, frappé les médecins : tandis que l'un fait dormir, l'autre produit l'insomnie ; il était donc natu-rel de chercher si l'un pouvait empêcher l'autre d'exercer son action, en d'autres termes si ces agents sont antagonistes l'un de l'autre. Cet antagonisme est réel en effet ; Rasori qui le con-naissait bien, avait été conduit par lui à classer le café parmi les contro-stimulants, et la caféine doit être mise aujourd'hui au nombre des meilleurs moyens que nous ayons de lutter con-tre la torpeur morphique. Des expériences nombreuses faites par Orfila sur les animaux (1) lui ont montré que le café en in-fusion, ou mieux en décoction, à doses élevées, souvent répétées et continuées longtemps sans longs intervalles, peut guérir

(1) Toxicologie, t. II, p. 249.

l'empoisonnement par l'opium, cette substance eût-elle été absorbée en quantité considérable. D'accord dans ses résultats avec l'expérimentation, la clinique nous fournit des observations aujourd'hui assez nombreuses d'intoxications morphiques dans la guérison desquelles une part importante et quelquefois même exclusive appartient au café. Orfila en cite deux exemples remarquables tirés l'un du *Journal de chimie médicale* (1), l'autre du *Répertoire de pharmacie* (2). Un cas analogue est rapporté par Ollivier (d'Angers). Le Dr Fosgate (d'Auburn) (3) a dû au café, pris abondamment, la cessation d'accidents graves d'empoisonnement produits par 10 centigrammes de morphine qu'il avait ingérés pour combattre une névralgie dentaire opiniâtre. Un homme observé par M. L. Marchand (4) avait, dans un but coupable, pris 10 grammes de laudanum; trois heures après il était dans un état d'excitation très-grande qui, à la suite de vomissements déterminés par le tartre stibié, fit place à de la torpeur, à du coma avec sueurs froides. Le café fut donné en infusion concentrée pendant six heures, à la dose d'une tasse toutes les demi-heures; puis après ce temps, en infusion légère comme tisane. Le lendemain le malade se levait presque complétement guéri.

Le fait suivant est intéressant parce que le café a été le seul mode de traitement employé; il est tiré de la clientèle de M. le Dr Roustan (de Creil) et m'a été communiqué par son fils, mon excellent ami et camarade d'externat.

Mme H....., limonadière à Creil, souffrait d'une constipation avec vives douleurs abdominales. Le Dr Roustan prescrit un lavement d'huile de ricin et 8 grammes de laudanum pour cataplasmes sur le ventre. Par erreur, 4 grammes au lieu de 8 sont donnés, et, au lieu d'être répandus sur des cataplasmes, sont mêlés à l'huile de ricin et injectés dans le

(1) Année 1844.
(2) Année 1846, t. III, p. 456.
(3) The américan Journal of the medical science, 1841, et Gazette médicale, 1841, p. 456.
(4) Article *Café* du Nouveau Dictionnaire, t. VI.

rectum. Une demi-heure après, la garde est effrayée de voir la malade
dans un état d'assoupissement invincible, avec la face très-colorée.....
M. Roustan, immédiatement appelé, constate l'empoisonnement. Il prescrit de faire prendre par la bouche et en lavements de fortes infusions
de café et d'obliger la malade à marcher sans cesse. Après cinq ou six
heures de cette médication, les symptômes s'amendèrent, la malade
revint à elle et fut guérie.

C'est comme antagoniste physiologique de la substance toxique et non en vertu d'une action chimique que le café donne
dans cet empoisonnement les bons résultats que j'ai signalés. Je
ne saurais admettre avec Reveil (1) qu'on en doive attribuer une
part à la précipitation par l'acide cafétannique des alcaloïdes
de l'opium à l'état de tannates insolubles, puisque la torréfaction détruit le tannin en grande partie, sinon entièrement
(Schutze', et que, dans les observations que j'ai indiquées aussi
bien que dans la plupart des expériences d'Orfila, c'est le café
torréfié qui avait été employé. Ce célèbre toxicologiste n'admettait pas non plus l'action chimique, et c'est avec raison que
M. Bouchardat a dit du café : « Ce n'est pas un contrepoison de
l'opium, mais c'est un remède excellent de la maladie morphique » (2). Bien qu'elle ait été récemment contestée en Allemagne (3), l'action stupéfiante de l'opium sur le système vaso-moteur semble établie par trop de faits et par des faits de trop
grande valeur pour que je puisse ne pas l'admettre. Récemment
encore les expériences sphygmographiques de mon ami le
D' Bordier (4) donnaient à cette manière de voir une confirmation nouvelle. C'est donc en excitant la contraction des capillaires paralysés par la morphine que le café prévient ou combat
les accidents de cette intoxication.

La caféine dont l'élimination est prompte à se faire (Leven)
n'exerce énergiquement son action vaso-motrice que pendant

(1) Médicaments nouveaux, Paris, 1865. In-18.
(2) Annuaire de thérapeutique, 1847, p. 303.
(3) Voy. Leven, Archives de physiologie, 1868, p. 183.
(4) Des Nerfs vaso-moteurs ganglionnaires. Thèse de Paris, 1868, p. 72.

un temps assez court: delà la nécessité dans l'empoisonnement par l'opium de faire prendre ce médicament à doses souvent répétées afin de maintenir sans cesse le malade sous son influence. — C'est certainement une excellente pratique que d'administrer le café à la fois par la bouche et en lavements comme l'a fait M. Roustan. Donné par la bouche seulement, il peut être vomi et rester sans effet; en outre il paraît au moins probable que par le rectum l'absorption de la caféine se fait plus rapidement que par l'estomac.

Ivresse. — De même que l'opium, l'alcool paralyse le plan musculaire des vaisseaux; il donne ainsi lieu à des troubles intellectuels : délire, torpeur, coma, par hyperémie du cerveau. Aussi le café est-il un agent utile à opposer à l'ivresse, et depuis longtemps l'empirisme l'y avait fait employer. Dans une lettre adressée à M. Bouchardat, le Dr Compardon (1) dit avoir bien des fois dégrisé avec force café noir des malheureux plongés dans un état profond d'ivresse, et le professeur Grisolle (2) considère cette liqueur comme l'agent le plus efficace à lui opposer quand elle ne fait que commencer. Bien qu'il ne m'ait pas été donné de le vérifier pratiquement, j'ai la conviction que, même à un moment plus avancé, le délire et surtout le coma de l'ivrogne peuvent être influencés très-favorablement par le café. Je donnerais en pareil cas celui-ci à doses élevées et souvent répétées, par exemple une tasse toutes les demi-heures pendant deux à quatre heures et, s'il y avait des vomissements, ou bien si la stupeur était considérable, je n'hésiterais pas à prescrire des lavements d'infusion ou mieux de décoction de café cru.

J'ai dit que le délire de l'ivresse était un délire hyperémique, et par conséquent justiciable du café; il faudrait bien toutefois se garder de prendre cette proposition pour absolue et de l'appliquer, sans réserve, à tous les cas de délire alcoolique. Vraie

(1) Annuaire de thérapeutique du professeur Bouchardat, 1868, p. 320.
(2) Pathologie interne, 7e édition, t. II, p. 49.

dans la presque universalité de ceux où ce désordre psychique est produit accidentellement par des boissons alcooliques chez un sujet qui n'est pas accoutumé à en faire abus, vraie encore le plus souvent dans les cas où un individu même habitué à l'ivrognerie est pris de délire peu de temps après avoir fait d'abondantes libations, cette proposition devient souvent inexacte lorsqu'il s'agit de ces troubles nerveux que l'on désigne sous le nom de *delirium tremens* et qui surviennent chez les gens dès longtemps alcoolisés. Si quelquefois cette névrose intellectuelle est hyperémique et résulte d'un excès de boisson ajouté à trop d'excès antérieurs, souvent aussi elle est ischémique: généralement alors elle apparaît après que le malade est resté plus longtemps que d'habitude sans boire : accoutumé à une congestion permanente, le cerveau se trouve dans un état relatif d'ischémie d'où résulte le délire. Employer le café en pareil cas ne pourrait qu'augmenter le mal ; c'est au contraire à l'alcool, au musc et surtout à l'opium qu'il faut recourir.

Nous prescrirons donc le café dans le délire alcoolique s'il est, pour ainsi parler, *direct*, c'est-à-dire directement produit par l'ingestion d'une grande quantité de boissons spiritueuses ; nous le prescrirons surtout dans les cas de ce genre et même dans le délire de l'alcoolisme chronique, si la rougeur de la face et le resserrement des pupilles nous conduisent à admettre l'hyperémie cérébrale ; nous demanderons au contraire la guérison à l'opium et, d'une manière générale, aux stimulants de la circulation, si les troubles nerveux ne succèdent pas directement à d'excessives libations, si la conjonctive et la face sont pâles et fraîches, si les pupilles sont moyennes ou un peu grandes.

Dans l'intoxication alcoolique aiguë le danger ne vient pas seulement de l'hyperémie des viscères et des centres nerveux, mais encore, et peut-être surtout de l'inviscosement du sang. Contre cet effet de l'alcool le café ne peut évidemment rien ; aussi me paraît-il devoir être utile de lui associer l'ammoniaque toutes les fois au moins que se produisent le refroidissement de la périphérie, l'injection considérable des veines superficielles, et les autres signes de stase sanguine.

Empoisonnement par les champignons. — Le café a quelquefois été employé avec succès dans l'empoisonnement par les champignons (O'Connor (1), Humbert), Bégin conseillait d'y recourir lorsqu'il survient de l'assoupissement. De même que dans l'intoxication morphique, le café ne joue vraisemblablement pas ici le rôle de contre-poison chimique, mais seulement celui d'antagoniste physiologique. Les accidents produits par ce poison sont tellement variables que le café, utile sans doute dans certains cas, serait au contraire évidemment contre-indiqué dans d'autres. Ainsi le Dr Humbert (2) a publié l'observation d'une famille empoisonnée par des champignons dont tous avaient mangé ensemble. Les enfants eurent promptement des vomissements, et l'évacuation du poison fut chez eux suivie d'un rétablissement rapide. Le père et la mère ne vomirent pas, et tandis que celle-ci était jetée dans un état d'agitation, de surexitation nerveuse extrême contre lequel les lavements de café ne produisirent aucun bon résultat, le premier au contraire, qui était tombé dans un état de stupeur profonde, fut rapidement guéri par les mêmes lavements.

Si donc dans cette intoxication si grave on songe à demander des secours au café, on devra, pour juger de l'opportunité de son emploi, se fonder sur l'existence ou la non-existence des signes de congestion encéphalique tels que la torpeur, le coma, le resserrement des pupilles.

(1) Bulletin de thérapeutique, t. LXII, p. 418, 1862 ; article extr. de The Lancet, mars 1862.

(2) Observation communiquée à la Société médicale de la Loire et de St-Étienne. Gazette des hôpitaux, 1863, p. 178.

III. *Du café comme modificateur des fonctions digestives.*

Dyspepsie, anorexie, indigestion. — Il serait sans doute inconsidéré de conseiller indistinctement le café dans toutes les formes de la dyspepsie ; mais, par l'action stimulante de son arome et surtout par l'excitation qu'imprime la caféine à la tunique musculeuse gastro-intestinale, le café torréfié en infusion et pris après le repas peut offrir, dans quelques-unes, une ressource qu'il ne faut pas négliger. Je veux parler de ces dyspepsies que l'on peut appeler *par atonie*, et dont l'élément principal est le défaut d'énergie, la paresse des muscles de l'estomac et de l'intestin ; elles sont communes chez les vieillards, chez les gens à profession sédentaire, chez ceux qu'une longue maladie a affaiblis, etc. Les professeurs Béhier (1) et Fonssagrives (2) indiquent ainsi l'infusion de café soit pure, soit additionnée d'un peu de kirsch ou d'eau-de-vie comme un bon moyen de combattre l'anorexie et la dyspepsie chez les convalescents.

C'est un fait vulgaire qu'après un repas trop copieux le café prévient l'indigestion ; l'utilité de cet agent en pareil cas, en effet, est incontestable. Elle a un double motif : d'une part l'antagonisme dont j'ai parlé entre les effets de l'alcool et ceux de la caféine ; de l'autre l'action stimulante de cet alcaloïde sur la contractilité gastro-intestinale qui facilite la digestion des aliments et empêche leur stase trop prolongée dans un même point du tube digestif.

Constipation, diarrhée, dysentérie. — On se souvient que le café en activant les mouvements péristaltiques de l'intestin produit, lorsqu'il est pris à doses un peu élevées, une ou deux garde-

(1) Dictionnaire encyclopéd. des sciences médicales, art. *Anorexie.* t. V, p. 228.
(2) Hygiène alimentaire, p. 48.

robes liquides. Le même effet a lieu souvent chez certaines per-
sonnes non accoutumées, avec la simple dose d'une demi-tasse
ordinaire. J'en connais qui n'emploient pas d'autres moyens
pour combattre chez elles les constipations légères.

Par contre, le même médicament paraît avoir rendu plusieurs
fois des services dans les diarrhées atoniques. Chardin, Lanzoni,
Grindel et le Dr Deltel rapportent des cas de diarrhées graves
guéries par le café en infusion ou sous forme d'extrait. Il s'agit
généralement de diarrhées observées chez de jeunes enfants ou
chez des sujets convalescents de maladies fortement débilitan-
tes, la dysentérie par exemple (Deltel). On a pensé que c'était
par le tannin qu'agissait le café en pareil cas; je ne le pense
pas, par la double raison que la torréfaction détruit au moins en
grande partie l'acide cafétannique, et que, dans la plupart des
cas rapportés par les auteurs que j'ai nommés, des médicaments à tannin, le quinquina et la ratanhia, avaient été employés sans succès. C'est donc plutôt, je pense, par l'action tonique et vaso-motrice de son alcaloïde que le café a pu donner ces
résultats favorables. Quoi qu'il en soit, je pense que tout en te-
nant compte de ces faits, on doit les considérer comme excep-
tionnels et ne pas, à cause d'eux, détrôner au profit du café les
excellentes préparations que nous avons l'habitude d'opposer
aux diarrhées atoniques, tannin, quinquina, ratanhia, etc.

M. Delioux de Savignac (1) donne habituellement l'infusion
de thé et celle de café noir aux convalescents de dysentérie aiguë et aux malades atteints de dysentérie chronique, mais c'est
moins comme médicament que comme aliment : « c'est le café
noir, dit-il, qui leur convient le mieux sous tous les rapports,
pour le premier repas, et l'on peut souvent, avec profit pour eux,
leur en accorder une nouvelle dose après le déjeuner et le diner.»
Donnant un peu lui-même à la réparation moléculaire, le café,
comme le remarque ce thérapeutiste, a pour résultat surtout de

____

(1) Traité de la dysentérie ; Paris, 1863, p. 470. In-8°.

satisfaire momentanément la nutrition par son influence sur la désassimilation, « de compenser l'insuffisance alimentaire par la diminution des pertes, d'équilibrer les forces et d'éviter toute surcharge aux organes digestifs dans un moment où leur susceptibilité doit être ménagée. » Il ne m'a pas été donné de voir par moi-même cette pratique à l'œuvre ; je n'hésiterais pas cependant, le cas échéant, à y recourir tant elle me semble judicieuse et rationnelle. N'a-t-elle pas d'ailleurs une recommandation suffisante dans l'autorité si grande en cette matière du savant médecin principal de la marine ?

Vomissements nerveux, mal de mer. — M. Deltel indique le café comme un moyen efficace de combattre les vomissements nerveux et particulièrement les vomissements incoercibles des femmes enceintes. Je ne comprends guère comment le café peut agir d'une manière utile dans les cas de ce genre. Je n'ai d'ailleurs pu trouver aucun fait qui, empiriquement, justifiât sérieusement son emploi. Aussi suis-je porté à croire que, pour cet agent comme pour tant d'autres remèdes vantés dans cette redoutable complication de la grossesse, puis abandonnés, quelques faits en apparence favorables se seront présentés par hasard après lesquels on aura, avec trop d'empressement, appliqué le *post hoc, ergo propter hoc.*

Le même auteur conseille, à l'exemple de Larrey, le café comme traitement curatif et surtout préventif du mal de mer. Il appuie cette indication d'une double observation dont il a lui-même été le sujet.

Hernies étranglées, étranglement interne. — Les moyens médicaux ont été proposés en grand nombre contre l'étranglement herniaire ; la plupart après avoir joui pour un temps d'une certaine vogue ont été abandonnés plus tard ; quelques-uns sont restés dans la pratique et y jouissent d'une assez tiède faveur ; d'autres enfin, malgré quelques succès obtenus avec eux et publiés dans les journaux de médecine, n'ont dès l'abord rencontré qu'incrédulité ou dédain. Parmi ces derniers, un de ceux que les chirurgiens paraissent avoir le moins pris au sérieux est sans doute le café. « Aux grands maux les grands remèdes! » dit-on, et, bien que chaque jour nous montre ce proverbe en défaut, notre esprit se défend difficilement d'en subir plus ou moins l'ascendant, et nous avons peine à admettre qu'à l'un des plus graves dangers qui menacent l'existence on puisse sérieusement opposer cette anodine infusion que nous prenons banalement chaque jour.

Il n'en est pas moins vrai pourtant que les recherches auxquelles je me suis livré à ce sujet, les faits que j'ai recueillis, aussi bien que les notions acquises sur l'action physiologique du café, ont produit chez moi la conviction que nous avons dans ce médicament un moyen sérieusement utile de combattre l'étranglement herniaire et l'étranglement interne. En raison de l'importance pratique de cette proposition et de l'opposition qu'elle rencontre, on m'excusera si je m'y arrête un peu plus que ne le comporterait le cadre de cette partie de mon travail.

Voici le résumé de quatorze observations de hernies étranglées relevées dans les recueils périodiques de médecine et dans lesquels la guérison a paru devoir être attribuée au café.

OBSERVATION Iʳᵉ. — Publiée par le Dʳ Triger (1). — Hernie inguinale droite, ancienne, chez un homme de 38 ans, habituellement réductible et maintenue avec un bandage.

La hernie sort dans un accès de colère. Le taxis, tenté presque immédiatement, est très-douloureux et sans résultat.

Application continue de glace. Belladone à l'intérieur.

Coliques violentes, tumeur très-sensible. L'opération est décidée et annoncée. Pendant qu'on s'y prépare, intervient un vieux médecin de Batignolles, M. Bertrand, qui a longtemps pratiqué à la Havane. Il propose d'employer le café que, dans cette colonie, il a vu souvent réussir en pareil cas.

On enlève la glace, et on prescrit pour tout traitement :

(1) Gazette des hôpitaux, mai 1857, p. 212.

Poudre de café torréfié : 250 grammes, pour 12 tasses d'eau bouillante, à prendre une tasse tous les quarts d'heure.

Rentrée spontanée de la hernie à la neuvième tasse, c'est-à-dire deux heures environ après l'administration de la première dose de café.

Obs. II. — Publiée par le Dr Carrère (de Marnac, Gers) (1). — Hernie datant de deux ou trois ans, facilement réduite habituellement, pas ou mal contenue, chez une femme de 62 ans.

Étranglement le 23 mai dans la matinée.

Le 24 au matin. Sensibilité extrême de la tumeur rendant le taxis impossible. Vomissements fécaloïdes.

Une tasse d'infusion ordinaire de café tous les quarts d'heure.

Gargouillements dans la tumeur à partir de la quatrième tasse. Rentrée spontanée de la hernie à la neuvième, c'est-à-dire environ deux heures après le début du traitement caféique.

Rétablissement complet le lendemain matin.

Obs. III. — Publiée par le Dr Carrère (2). — Hernie crurale droite datant de plusieurs années, habituellement contenue. chez une femme de 55 ans. Un premier étranglement réduit par le taxis il y a deux mois. Nouvel étranglement le 27 mars à cinq heures du matin.

Vomissements, coliques vives.

A onze heures, tentative infructueuse de taxis; on prescrit :

Café torréfié : 250 grammes pour 12 tasses d'eau bouillante; à prendre une tasse tous les quarts d'heure.

A partir de la seconde tasse, gargouillements dans la tumeur; rentrée de la hernie après la huitième, c'est-à-dire moins de deux heures après le début de ce traitement.

Obs. IV. — Publiée par le Dr Barascut (3). — Hernie inguinale gauche, ancienne, non maintenue. Réduction habituellement facile. Pas d'accident antérieur.

Étranglement le 5 mars vers dix heures du matin. Douleurs vives, vomissements. Bains, lavements, cataplasmes.

Le 6, à dix heures du matin, coliques violentes, vomissements d'odeur stercorale, état d'anxiété extrême. On prescrit :

4 tasses d'infusion de café à prendre de quart d'heure en quart d'heure.

A la troisième tasse, gargouillements. A la quatrième, rentrée spontanée de la hernie au moment où la malade entrait dans un bain, moins d'une heure après la première dose de café.

(1) Bulletin de thérapeutique, t. LIII, p. 34 ; 1857.
(2) Article cité du Bulletin de thérapeutique, t. LIII ; 1857.
(3) Gazette des hôpitaux, 1858, p. 107.

Obs. V. — Publiée par le Dr Czernicki (1). — Hernie inguinale droite, datant d'un an, non contenue, facilement réductible, chez un homme de 55 ans. Étranglement. Vomissements fréquents fécaloïdes. Taxis très-douloureux, infructueux. On prescrit :

1 tasse d'infusion concentrée de café tous les quarts d'heure.

Au bout d'une heure, après la quatrième tasse, borborygmes et rentrée de la hernie au moment où la main du chirurgien l'embrassait pour pratiquer de nouveau le taxis.

Obs. VI. — Publiée par le Dr Mayer (2). — Homme de 62 ans. Hernie inguinale droite.

Étranglement rapidement suivi d'accidents très-graves. Taxis pratiqué vainement. Kélotomie préparée; on veut cependant auparavant essayer l'emploi du café : une tasse d'infusion est prise tous les quarts d'heure.

Réduction spontanée à la sixième tasse, c'est-à-dire une heure et demie environ après le début de l'emploi du café. Les accidents d'étranglement duraient depuis trois jours.

Obs. VII. — Publiée par le Dr Ronzier-Joly, de Clermont-l'Hérault (3). — Hernie inguinale droite, datant de plusieurs années, non contenue, chez un homme de 32 ans.

Indigestion. Efforts de vomissements, étranglement. Vomissements fréquents, douleurs abdominales et scrotales intolérables.

Taxis méthodique très-douloureux, infructueux.

Bain d'une heure, sans résultat. — Onctions belladonées sur la région inguinale.

Une heure après, nouvelle tentative également vaine de taxis. Vomissements opiniâtres. État de prostration très-prononcé. On prescrit :

Café, 125 grammes en infusion, dans six tasses d'eau, à prendre une tasse toutes les demi-heures, en continuant les onctions belladonées.

Après la quatrième tasse, un taxis très-doux fait facilement rentrer la hernie. Le traitement caféique durait depuis deux heures environ.

Quelques heures après la rentrée, deux hémorrhagies intestinales, avec évacuations stercorales abondantes. Symptômes de péritonite qui s'amendèrent au bout de plusieurs jours. Rétablissement lent.

Obs. VIII, publiée par le Dr Ronzier-Joly (4). — Homme de 50 ans. Hernie inguinale gauche très-ancienne, maintenue habituellement et très-facilement réductible.

(1) Abeille médicale, mars 1858.
(2) Bulletin de thérapeutique, t. LIV, p. 330 ; 1858.
(3) Bulletin de thérapeutique, t. LVI, p. 94 ; 1859.
(4) Article cité du Bulletin de thérapeutique, t. LVI ; 1859.

Étranglement le 14 octobre, à cinq heures du matin. Douleurs vives dans le scrotum et l'abdomen. Taxis très-douloureux, sans succès.

Lavement huileux et savonneux. On prescrit :

Café, 125 grammes pour six tasses d'eau, à prendre une tasse tous les quarts d'heure, et onctions belladonées sur la région inguinale.

Le café est pris très-irrégulièrement, le malade le vomissant le plus souvent. Après la quatrième tasse, gargouillements ; après la sixième tasse ingérée (deux seulement n'avaient pas été vomies), le taxis pratiqué par le malade fait facilement rentrer la hernie. Il y avait cinq heures qu'il avait commencé à prendre du café.

Entérorrhagies et accidents de péritonite comme dans le cas précédent, mais plus légers. Rétablissement plus prompt.

Obs. IX, publiée par le Dr Sammut (1). — Homme de 55 ans. Hernie inguinale habituellement contenue ; l'emploi du bandage venant à être interrompu, la hernie s'échappe et s'étrangle dans un effort.

Le taxis n'est pas supporté par le malade. On administre une infusion de café ; la réduction se fait facilement un instant après.

Obs. X, publiée par le Dr Chalut (2). — Hernie crurale droite datant de dix ans, chez une femme de 76 ans ; non contenue ; étranglement.

État général très-grave. Vomissements fécaloïdes depuis quinze à dix-huit heures, au moment de la visite du Dr Chalut.

La sensibilité de la tumeur est extrême et rend le taxis impossible. Kélotomie proposée, refusée énergiquement. On prescrit :

Café, 250 grammes en infusion, dans douze tasses d'eau bouillante ; une tasse tous les quarts d'heure.

Onze tasses sont prises sans autre résultat que la suspension des vomissements. A la douzième, prise trois heures après le début du traitement par le café, gargouillement très-fort et rentrée spontanée de la hernie. Évacuations alvines abondantes. Rétablissement presque immédiat.

Le Dr Chalut, en rapportant ce fait, dit avoir précédemment employé le même traitement quatre fois, dont une fois avec succès. Sa statistique personnelle donne donc 2 guérisons par le café sur 5 cas où cet agent a été employé.

Obs. XI, publiée par M. Couturier (de Mérinchal, Creuse). (3). — Femme de 45 ans. Hernie crurale droite très-ancienne, toujours facile-

---

(1) Britisch medical Journal et Gazette médicale, 1859, p. 106.
(2) Gazette des hôpitaux, 1859, p. 231.
(3) Gazette des hôpitaux, 1859, p. 324.

ment réduite jusque-là, sauf une fois, il y a quatre ans, où le taxis dut être pratiqué par un médecin.

Indigestion, efforts de vomissement. Étranglement. Vomissements incessants, non fécaloïdes.

Taxis pratiqué vainement pendant une demi-heure. Opération proposée et refusée. On prescrit :

Café, 250 grammes en infusion, dans 1,500 grammes d'eau, à prendre par verrées toutes les demi-heures.

Réduction spontanée de la hernie après le cinquième verre; deux heures et demie après le début du traitement, aucun autre traitement n'a été fait.

Trois évacuations alvines; fièvre vive pendant vingt-quatre heures; guérison complète le lendemain.

Obs. XII, publiée par le Dr Pauthrier (1). — Hernie inguinale ancienne, plusieurs fois déjà réduite par l'auteur, après des accidents d'étranglement.

Nouvel étranglement. Taxis infructueux cette fois. L'opération ne paraissant pas urgente, on prescrit une forte décoction de café, à prendre par tasses tous les quarts d'heures.

Après quelques tasses, borborygmes énergiques et rentrée spontanée de la hernie.

Obs. XIII, publiée par le Dr Lamare-Piquot, chirurgien en chef de l'hôpital de Honfleur (2). — Homme de 34 ans. Hernie inguinale gauche non contenue. Étranglement.

Plusieurs tentatives longtemps prolongées de taxis, sans succès. Onctions belladonées. On prescrit :

Café torréfié, 125 grammes en décoction dans huit tasses d'eau, à prendre une tasse toutes les demi-heures.

Les huit tasses sont prises; après la huitième, l'intestin rentre comme de lui-même, aussitôt qu'on y touche dans le but de pratiquer le **taxis**, quatre heures après la première administration de café.

« Je pourrais citer un second fait presque identique, ajoute le Dr Lamare-Piquot, mais il ne prouverait rien de plus..... »

Obs. XIV. — Publiée par le Dr Cellarier (de Montpellier) (3). — Hernie inguinale droite chez un homme. Étranglement. Tentatives de taxis sans résultat. On prescrit le café à prendre par tasses. Après la sixième, la

---

(1) Annales de la Société de médecine de Saint-Étienne et de la Loire, t. I, p. 426 ; et Bulletin de thérapeutique, t. LIX, p. 468; 1860.

(2) Bulletin de thérapeutique, t. LXI, p. 28 ; 1861.

(3) Bulletin de thérapeutique, t. LXI, p. 270 ; 1861.

hernie rentre au moment où le malade commençait à faire le taxis, et
comme d'elle-même.

Tels sont les faits que me fournit la clinique; leur nombre,
on le voit, ne laisse pas que d'avoir une certaine importance;
il ne s'agit pas seulement de quelques cas isolés, très-exception-
nels et par conséquent facilement attribuables à des hasards
heureux; il s'agit en réalité de *seize* guérisons, car il est juste
de faire entrer en compte les deux cas observés, l'un par
M. Lamare-Piquot, l'autre par M. Chalut, et qu'ils mentionnent
sans en donner l'observation, puisque le seul motif qui a dé-
tourné ces médecins d'en publier les détails est la similitude
exacte qui existait entre ces cas et ceux dont ils nous ont présenté l'histoire complète. Ce qui donne une valeur plus grande
encore à ce nombre de faits, c'est la courte période de temps
pendant laquelle ils ont été observés. Tous, en effet, sont com-
pris entre les années 1857 et 1861, en tout quatre ou cinq ans.

Au reste la lecture de la plupart de ces observations ne laisse,
il me semble, guère de doute sur la part à peu près exclusive
qui revient au café dans les réductions obtenues; sans doute,
et je le regrette, cela ressort moins nettement du résumé suc-
cinct dans lequel j'ai dû les condenser pour éviter d'inutiles et
excessives longueurs. On peut y voir encore cependant que,
dans presque tous les cas, sinon dans tous, le taxis avait été
pratiqué d'abord et pratiqué avec persévérance, mais sans succès, tandis qu'il devenait d'une facilité extrême après l'ingestion
d'une certaine quantité de café, si même la réduction n'était
pas spontanée, ce qui a eu lieu dans plus de la moitié des cas.

Je n'ignore pas cependant à combien d'erreurs expose l'observation empirique, lorsque l'on se hâte trop d'en tirer des
inductions; je n'ignore pas quel compte il faut tenir des cas
fortuits, des coïncidences bizarres : les leçons de mon illustre
et regretté maître Velpeau m'ont enseigné cette défiance pru-
dente. Je sais encore que, dans les observations en apparence

les mieux prises, des omissions, des erreurs même peuvent se glisser qui en changent considérablement la signification. Aussi, dépourvues de l'appui d'une rigoureuse interprétation physiologique, celles qui précèdent seraient-elles impuissantes à entraîner ma conviction. Il convient donc de chercher si elles ont ce nécessaire appui et si, dans ce que nous savons de l'action physiologique du café, nous trouvons de quoi justifier les faits cliniquement observés.

La caféine, avons-nous dit ailleurs, est un agent excito-moteur dont l'action se produit primitivement et surtout sur les muscles de la vie organique, muscles qui occupent une place si importante dans la structure de l'intestin. Si la caféine fait contracter avec énergie le plan musculaire intestinal, si elle stimule vivement les mouvements péristaltiques, il est aisé de comprendre comment elle produit ou favorise la réduction des hernies étranglées, de celles surtout dont l'étranglement a été *primitif*, comme ce paraît avoir été le cas dans le plus grand nombre des observations que j'ai citées et probablement même dans toutes.

« L'étranglement dit primitif est celui dont les effets se manifestent immédiatement ou très-peu de temps après la sortie de la hernie » (1). Voici, en quelques mots, d'après M. Gosselin, auquel j'emprunte la définition qui précède et dont j'accepte absolument, sous ce rapport, la manière de voir, quel est le mécanisme de cet étranglement : « Au moment où une anse intestinale se déplace pour venir dans une hernie, le diaphragme et les muscles abdominaux poussent avec violence un courant de gaz dans sa cavité. Ce gaz, qui entre brusquement par le bout supérieur, dilate rapidement l'anse intestinale et s'y accumule, tant parce que l'effort l'y pousse, que parce qu'il trouve de la difficulté à s'engager dans le bout inférieur dont l'entrée

(1) Gosselin, Leçons sur les hernies abdominales, recueilles et publiées par le Dr L. Labbé ; Paris, 1865, p. 126. In-8°.

est bientôt fermée par la compression qu'exerce sur elle le bout
supérieur distendu » (1).

On conçoit bien que, réduite à son degré habituel d'énergie,
la contraction intestinale, dans l'anse herniée, soit insuffisante
à vaincre l'obstacle que constitue le bout supérieur distendu et
à chasser les gaz à travers l'orifice inférieur. Mais ce degré
normal n'existe même bientôt plus. La compression que subit
l'intestin au colet du sac entrave la circulation en retour et
donne ainsi lieu à une infiltration séreuse ou séro-sanguine
dans les tuniques et particulièrement dans la musculeuse de la
portion d'intestin comprise dans la tumeur. En même temps
que les veines, les filets nerveux qui animent cette tunique
sont comprimés. Il est donc bien naturel de penser que la
contractilité est plus ou moins complétement suspendue dans
la tumeur. La caféine éveille cette contractilité; les mouvements
péristaltiques mis en jeu de nouveau s'y exécutent avec énergie et y produisent ces gargouillements que signalent presque
toutes les observations citées plus haut. Comprimant les gaz
progressivement du bout supérieur vers l'inférieur, ils les
expriment à travers celui-ci, malgré la pression qui tend à le
maintenir fermé. En même temps les mouvements plus accen-
tués qu'exécutent les parties de l'intestin restées dans l'abdomen
opèrent sur la portion sortie une attraction qui souvent, après
que le contenu gazeux de la hernie avait été diminué, a suffi
à produire sa rentrée sans que la main du chirurgien ou celle
même du malade eussent à intervenir. L'action de la caféine
est donc, relativement à l'étranglement herniaire, la même que
celle de la strychnine qui a donné aussi un certain nombre de
guérisons.

Telles est, suivant moi, la principale raison des succès qu'a
donnés le café dans la hernie étranglée; c'est aussi par cette
stimulation des contractions intestinales que MM. Carrère, Cel-

(1) Gosselin, *id.*, p. 128.

larier et Ronzier-Joly ont expliqué les guérisons obtenues par eux. On va voir toutefois qu'il ne faut pas les lui attribuer d'une manière exclusive.

La caféine, en effet, est une substance vaso-motrice, et les autopsies par lesquelles se sont terminées les expériences de MM. Stuhlmann et Falck, ont montré que dans l'intestin cette action s'exerçait d'une manière très-marquée. Deux conditions favorables en résultent dans l'étranglement herniaire : d'un côté c'est la diminution de volume de la tumeur et surtout celle de l'épaisseur des parois intestinales au point correspondant à l'étranglement; cette diminution de volume et d'épaisseur que produit le resserrement des capillaires est peu de chose, je l'accorde; mais qu'importe ? Si ce fait existe (et il ne saurait guère, ce me semble, être contesté), il doit toujours être considéré comme une circonstance adjuvante à ajouter aux autres conditions qui favorisent la réduction de la hernie et, à ce titre, il a une valeur dont il faut tenir compte, si petite soit-elle. D'un autre côté, à ce même titre d'agent défluxionnant, la caféine s'oppose à ces transsudations séro-sanguines dont j'ai parlé déjà, en même temps qu'à cette inflammation, à cette *hyperémie phlegmasipare* tout au moins, dans laquelle, avec raison peut-être, M. Gosselin ne veut pas voir, comme Malgaigne, une cause d'étranglement, mais qu'il ne saurait se refuser à considérer comme une nouvelle cause de difficultés pour la réduction, comme une complication fâcheuse en tout cas.

Parmi les traitements médicaux auxquels il se montre en général fort peu favorable, le professeur Gosselin relègue au dernier rang (1) la strychnine et le café, dans lesquels sa confiance paraît bien près d'être nulle: « J'approuverais peut-être l'emploi de ces moyens, dit-il, si l'on avait indiqué le nombre des insuccès à côté de celui des succès..........» Il est sans doute regrettable que nous n'ayons pas, pour juger cette question,

(1) Leçons sur les hernies abdominales, p. 181.

tous les faits contradictoires qui ont dû être observés. La solution en serait évidemment bien plus aisée. Mais en vérité la prudence du savant professeur est trop exigeante. N'en est-il pas, sous ce rapport, de presque toutes les médications nouvellement prônées, comme de l'emploi du café dans l'étranglement herniaire? et de combien de précieuses ressources la thérapeutique ne serait-elle pas privée si, à chacun des nouveaux moyens qu'offrait l'empirisme, avait été opposé un scepticisme aussi défiant !

Au doute émis quelques lignes plus loin par le professeur de la Charité, relativement à la sollicitation des contractions intestinales par le café, je ne saurais répondre qu'en répétant ce que j'en ai dit dans la partie physiologique de ce travail; je crois y avoir réuni des preuves suffisantes et suffisamment nombreuses de l'énergique contraction imprimée par la caféine à la fibre musculaire gastro-intestinale.

Enfin, dans ces remarquables leçons de M. Gosselin, je vois un dernier reproche adressé au café en même temps qu'à la strychnine : il est très-sérieux et mérite de nous arrêter un instant. Comme la plupart des moyens médicaux, dit ce chirurgien, ceux-ci ont l'inconvénient de faire perdre du temps. Il y a là, je m'empresse de le reconnaître, beaucoup de vérité, mais je me permets d'ajouter : un peu d'exagération. A Dieu ne plaise que je vienne prêcher la temporisation dans les étranglements herniaires ! Mais que sont donc en réalité ces si graves pertes de temps avec le café ? Si je consulte à cet égard les observations résumées plus haut, je trouve que plusieurs fois la réduction a été obtenue une heure, moins d'une heure même peut-être, après le début de l'emploi du café. Une seule fois (obs. 7) la réduction s'est fait attendre cinq heures; mais, dans ce cas, le café avait été pris très-irrégulièrement et rejeté en grande partie par les vomissements ; une autre fois (obs. 13), le traitement caféique durait depuis quatre heures; mais à ce dernier malade le café avait été administré seulement toutes les demi-heures, intervalle que je crois trop long. En y comprenant néanmoins ces deux cas de durée exceptionnelle, je trouve, comme moyenne du temps écoulé entre la première tasse de café et la réduction de la hernie, deux heures et quart, environ. Ajoutons-y les quelques minutes que réclame la préparation d'une infusion de café, soit, en tout, deux heures et demie. Est-ce là en vérité un retard énorme? Et ne faut-il pas bien souvent autant et plus de temps pour se procurer du chloroforme et un aide à qui l'on puisse confier la délicate mission de le donner? A Paris, non sans doute......... et encore? Mais en province, mais dans la pratique rurale, où certes les hernies et leur étranglement sont loin d'être rares? M. Gosselin veut, qu'en pareil cas, on procède au taxis sans aide et sans anesthésie. Mais la sensibilité de la tumeur et la pusillanimité des malades permettent-ils toujours de donner à cette manœuvre l'énergie et la durée nécessaires pour qu'elle soit efficace? Évidemment non ; il suffit pour s'en convaincre de jeter un coup d'œil sur les observations citées plus haut.

Qu'on ne croie pas d'ailleurs que je veuille proscrire le taxis et que j'aie la prétention de substituer le café dans toutes les circonstances et absolument à cette manœuvre d'une valeur avérée. Que le taxis méthodique et pratiqué suivant les règles si bien posées par M. Gosselin soit le premier moyen auquel on ait recours lorsqu'on a sous la main du chloroforme et un aide expérimenté pour le donner, rien de mieux, et c'est là, sans contredit, une pratique qu'à l'occasion je n'hésiterais pas à suivre. Mais, quand l'impossibilité de recourir à l'anesthésie et la sensibilité de la tumeur rendent le taxis impraticable, pourquoi, tout au moins pendant le temps nécessaire à se procurer l'assistance et les objets qui doivent permettre de faire cette manœuvre dans de meilleures conditions, ne pas essayer d'un moyen qu'aujourd'hui l'on a à peu près partout sous la main, moyen qui a donné un certain nombre de succès, dont l'action est assez prompte, et qu'en définitive justifient la physiologie et le raisonnement?

Je n'ai parlé dans ce qui précède que du taxis, mais ce que j'ai dit s'applique à plus forte raison au débridement, opération délicate et dangereuse, difficile à pratiquer sans aides exercés et sans anesthésie, et qu'en outre il n'est pas toujours aisé de faire accepter aux malades.

Comparé aux autres traitements non chirurgicaux de la hernie étranglée, le café me paraît mériter sur eux la préférence ; il importe d'ailleurs de noter ici qu'il en est plusieurs auxquels il peut très-bien être associé. — Il n'offre pas les dangers ni le maniement difficile de la *strychnine*, dont il partage le mode d'action relativement à l'état morbide qu'il s'agit de combattre. — Autant en peut-on dire des *lavements de tabac*, dont le dosage présente de si grandes et si périlleuses incertitudes.

Stimulant les contractions intestinales comme les *purgatifs*, le café a sur eux le double avantage de ne pas irriter l'intestin et d'amener l'ischémie de la tumeur, dont ils produisent au contraire la congestion.

La *saignée* poussée jusqu'à la syncope est, à la vérité, un moyen efficace, mais que son influence sur l'état général ne permet guère d'employer chez certains sujets.

Les *bains* aussi réussissent quelquefois, surtout à titre d'adjuvants du taxis. Rien n'empêche de les combiner au café. Il en est de même des *réfrigérants*, tels que la *glace* en application topique ; celle-ci seule ou combinée à divers autres traitements a donné quelques bons résultats. Mais le froid intense a ici l'inconvénient de produire une ischémie exagérée, exposant soit à la gangrène, soit à une réaction inflammatoire violente. Aussi l'adjuvant que je donnerais de préférence à tout autre au café dans l'étranglement herniaire, c'est la *belladone* en onction sur la région de l'orifice par lequel s'est échappée la hernie, comme l'a fait M. Ronzier-Joly, et mieux encore le *sulfate d'atropine* en injections hypodermiques au voisinage de cette région, ce qui donnerait une action plus prompte et plus énergique. L'atropine est un agent vaso-moteur ; elle stimule la fibre lisse, elle diminue la sensibilité ; son action s'allie donc à merveille à celle du café pour diminuer la congestion dans la tumeur et y solliciter les contractions, en même temps que, par son action anesthésiante, elle permettrait de revenir plus tôt au taxis, si celui-ci avait été empêché par la violence de la douleur.

J'ai à peine besoin d'ajouter que le café ne saurait être employé indistinctement dans tous les cas de hernie étranglée ; comme le taxis, il serait inutile, sinon dangereux, dans l'étranglement des hernies anciennes et habituellement non réduites où des adhérences se sont formées entre le sac et l'anse intestinale dont elles rendent la réduction absolument impossible sans opération. — Le prescrire à une époque très-avancée de l'étranglement, après trois ou quatre jours par exemple, serait très-dangereux ; comme le taxis, il exposerait à faire rentrer dans l'abdomen un intestin gangrené ou perforé. Malgré le succès obtenu par M. Mayer (obs. 6), ce n'est pas sans hésitation que je me déciderais à recourir, comme lui, au café contre des accidents d'étranglement datant de trois jours. On ne saurait mieux faire, je crois, relativement à l'âge de l'étranglement, que d'appliquer au traitement par le café les règles posées par M. Gosselin pour le taxis : on pourra donc l'employer pour toutes les hernies dans les vingt-quatre ou trente-six premières heures de l'accident ; jusqu'à soixante-douze heures, on pourra recourir encore au café pour les hernies grosses ou moyennes, mais à la condition qu'il n'existe aucun des signes qui doivent faire redouter l'existence d'une perforation ou d'un point de gangrène, rougeur de la peau, empâtement du tissu cellulaire, et à plus forte raison emphysème sous-cutané et eschares du scrotum (1).

Il me reste à formuler en quelques mots le traitement caféique tel qu'il me paraît devoir être fait dans l'étranglement herniaire. La crainte des accidents de la caféine ne devra pas empêcher de donner à ce traitement une grande activité, car, d'un côté, ces

(1) Voy. Gosselin, Leçons sur les hernies, p. 186 : Indications du taxis.

accidents chez l'homme ne deviennent menaçants qu'à des doses considérables, et, d'un autre côté, ils sont faciles à calmer par l'opium ou les alcooliques.—On prescrira de préférence le café torréfié, blond, en infusion, non que ce soit là la préparation la plus active, mais parce qu'étant la plus agréable au goût, elle est celle qui offre les meilleures chances d'être bien supportée et de n'être pas rejetée par les vomissements.—On emploiera 200 grammes de café par litre d'eau ; les anciens filtres à lixiviation doivent être choisis pour cette préparation plutôt que ces appareils nouveaux à bascule ou à boules superposées, dans lesquels l'eau séjournant peu sur la poudre de café, lui-emprunte une quantité moindre de caféine.—150 grammes ou une tasse à thé ordinaire de cette infusion seront donnés tous les quarts d'heure.

A cela j'ajouterais, dans les cas surtout où, comme chez le malade de l'observation 8, l'infusion est rejetée par les vomissements, des *quarts de lavement au café cru* préparés par décoction de 150 grammes de café cru concassé dans 1 litre d'eau jusqu'à réduction de moitié du liquide environ. Un quart de lavement serait donné toutes les demi-heures au moins.

Enfin on compléterait ce traitement par le repos au lit dans le décubitus dorsal, le bassin un peu soulevé et les cuisses modérément fléchies, un bain, si on le jugeait à propos, ou les réfrigérants, mais plutôt les onctions belladonées ou les injections d'atropine.

Comme la strychnine, le café, par la stimulation des contractions péristaltiques qu'il produit, peut donner des résultats favorables dans l'étranglement et surtout le pseudo-étranglement internes. Mon affectionné maître M. Lailler m'a parlé d'un cas de ce genre dans lequel il avait été appelé en consultation ; le diagnostic porté était un étranglement interne ; sur son avis, on recourut au café à haute dose. Bien que l'état du malade eût fait porter un pronostic très-grave, la guérison fut obtenue. De ce fait on rapprochera l'observation suivante, que je reproduis presque *in extenso*, à cause du haut intérêt qu'elle présente :

Obs. XV. — *Pseudo-étranglement interne. — Observation lue à la Soc.été médico-chirurgicale de Paris, par M. J. Guyot, le 8 novembre 1866 (1).*

X..... (Marguerite), entrée à l'hôpital Necker, salle Sainte-Thérèse, n° 10 (service de M. Lasègue, suppléé par M. J. Guyot), le 9 octobre 1866, à onze heures du matin.

Quand cette femme entra à l'hôpital, elle éprouvait depuis huit jours des douleurs très-vives dans le ventre, qu'accompagnaient des vomissements bilieux fréquents et une constipation opiniâtre; un purgatif administré en ville avait été vomi et des lavements donnés sans résultat.

Le 9 octobre. A l'entrée de la malade, le ventre est distendu, météorisé; les vomissements et la constipation persistent. Traitement : glace, 30 grammes d'huile de ricin, lavement purgatif.

Le 10. L'huile de ricin de la veille a été rejetée presque aussitôt après son ingestion. Mêmes symptômes.

Le 11. Ballonnement du ventre considérable; les anses de l'intestin grêle se dessinent très-nettement sous la peau : le gros intestin ne paraît pas distendu; aussi présume-t-on que l'obstacle au cours des matières est dans l'intestin grêle. Ventre toujours douloureux, ce qui rend la palpation difficile. Immédiatement avant la visite, un vomissement fécaloïde. Aucune tumeur appréciable par le toucher vaginal ni par le toucher rectal. Traitement : glace; calomel, 1 gramme. Lavement avec séné et sulfate de soude.

Le 12. Vomissements fécaloïdes répétés un grand nombre de fois depuis hier. Le calomel a été vomi. La constipation persiste. Prostration très-grande. Traitement : glace; bain d'une heure; lavement purgatif; une demi-goutte d'huile de croton.

Le 13. Même état. Traitement : glace et café noir : 8 tasses à prendre de demi-heure en demi-heure.

Dans la nuit du 13 au 14, après l'ingestion de 6 tasses de café qui mettent la malade dans une grande agitation, il se produit une débâcle considérable : 4 ou 5 selles se succèdent en quelques heures; les matières sont rendues liquides, de couleur bilieuse.

Le 14. A la visite on trouve le ventre souple; il n'y a plus eu de vomissements depuis la veille. Dans la journée du 14, la débâcle continue : 8 à 10 selles diarrhéiques. Traitement : 200 grammes de vin de Bordeaux, 4 bouillons.

Le 15. La diarrhée continue presque sans coliques.

La malade se remit assez promptement ensuite et garda seulement pendant quelque temps une grande tendance à la diarrhée que, d'ailleurs, l'opium arrêtait facilement.

(1) Union médicale, t. XXXII, p. 627; 1866.

IV. *Du café comme modificateur des fonctions respiratoires.*

Asthme. — L'empirisme a depuis longtemps consacré l'usage du café dans l'asthme. Musgrave, Laënnec, Pringle, Percival, le considéraient comme un moyen souvent efficace de rendre les accès moins graves et moins fréquents. Suivant Robert Brie, non-seulement il diminue l'intensité des attaques d'asthme, mais encore il peut en prévenir le retour d'une façon absolue. Après avoir été pendant cinquante ans tourmenté d'un asthme et avoir écrit une monographie de cette maladie, Floyer a, vers la fin de sa vie, trouvé enfin dans le café le seul agent capable de conjurer chez lui les accès. L'auteur d'un autre traité de l'asthme, M. Hyde Salter, médecin de Charing Cross Hospital indique cet agent comme un des moyens les plus utiles à lui opposer: « Le café, dit-il, soulage dans les deux-tiers des cas. Le soulagement est d'ailleurs très-inégal ; tantôt temporaine et léger ; tantôt complet et permanent » (1).

Comme tant d'autres remèdes préconisés contre cette pénible maladie, le café ne réussit pas toujours à guérir ni même à calmer ou à retarder les accès de l'asthme. Il serait à désirer que l'on pût préciser les cas où s'exerce cette influence favorable, et ceux dans lesquels, au contraire, le médicament demeure impuissant. Malheureusement cela nous est le plus souvent impossible. La clinique ne nous a jusqu'ici fourni sur les indications du café dans l'asthme que des renseignements généraux et peu précis. Cependant M. G. Sée (2) dit avoir remarqué que l'asthme catarrhal n'éprouve du traitement caféique aucune modification et que l'élément dyspnéique seul semble être influencé d'une façon avantageuse dans l'asthme simple. C'est en effet contre l'asthme dit *simple, sec* ou *nerveux*, et particulièrement contre

---

(1) Edimburg medical Journal, juin 1859 ; et Bulletin de thérapeutique, t. LXI, p. 229 ; 1861.

(2) Article cité du Nouveau Dictionnaire de médec. et de chir. prat., t. III.

l'asthme *nerveux périodique*, que la plupart des auteurs que j'ai cités plus haut ont conseillé l'emploi du café.

La méthode physiologique nous est ici d'un aussi faible secours que l'empirisme. Si nous essayons d'appliquer cette méthode au traitement de l'asthme par le café, nous nous heurtons dès l'abord à des difficultés quant à présent insurmontables. Comment en effet pourrions-nous demander à la physiologie l'explication du mécanisme en vertu duquel un agent thérapeutique modifie un état morbide, si la nature de cet état morbide lui-même ne nous est pas connue? Comment à plus forte raison lui demanderions-nous d'en préciser les indications? Or, si les théories de l'asthme sont nombreuses, il n'en est aucune qui présente un degré bien satisfaisant de certitude. Ce n'est pas ici le lieu d'entrer dans la discussion de ces théories; ce serait faire hors de mon sujet une excursion trop considérable; je ne ferai donc qu'énoncer les principales, celles qui sont le plus généralement adoptées aujourd'hui, et chercher à leur appliquer ce que nous savons de l'action physiologique de la caféine.

La plupart des auteurs de notre époque considèrent avec M. A. Lefèvre (1) et M. Salter (2), l'asthme comme une névrose spasmodique des tubes bronchiaux. Dans cette hypothèse, on peut jusqu'à un certain point se rendre compte de l'action favorable qu'exercerait le café donné un temps assez long avant l'accès; mais on ne comprend guère qu'il puisse être utile quand celui-ci a commencé. Salter, qui recommande en effet de prendre le café le matin, c'est-à-dire longtemps avant l'accès, lequel comme on sait, est le plus souvent nocturne, donne de l'action de ce médicament une interprétation que je ne saurais accepter. « Les accès, dit-il, apparaissent pendant la nuit, c'est-à-dire quand l'excitabilité réflexe est très-augmentée; le café qui empêche le sommeil et augmente l'activité de l'encéphale, diminue par cela même les accès réflexes et, par conséquent, l'asthme qui

(1) De l'Asthme; Paris, 1847. In-8°.
(2) On Asthmatis pathology and treatment; London, 1860.

résulte en général d'une impression de ce genre.» S'il en était ainsi, remarque avec raison le professeur Sée, l'accès devrait manquer pendant la veille, tandis que souvent il se manifeste ou pendant le jour ou dans la soirée et quelles que soient les tentatives du malade pour éviter le sommeil; j'ajouterai que, si la théorie du médecin anglais était vraie, il aurait évidemment été conduit par la pratique à conseiller le café le soir plutôt que le matin; enfin on se rappelle que, pour moi comme pour Voït, loin de diminuer l'aptitude aux actions réflexes, le café a pour effet au contraire, de l'augmenter.

L'analogie permet de croire que la caféine stimule la contractilité des muscles de Reissessen de même que celles des autres fibres lisses, celles des vaisseaux par exemple. Or, le spasme bronchial que l'on suppose constituer l'accès d'asthme ne pourrait-il pas être rapproché du spasme vasculaire par lequel débute l'accès de la fièvre intermittente? La caféine prise quelques heures avant l'accès jouerait alors sur les muscles bronchiaux un rôle de régulateur analogue à celui qu'elle joue, comme la quinine, sur les muscles vasculaires dans l'accès paludique. Certes, je ne me dissimule pas combien est risqué ce rapprochement ni tout ce que cette interprétation offre d'incomplet et de douteux; mais de prémisses hyopothétiques on ne peut tirer que des déductions incertaines, et je ne saurais donner une interprétation rigoureuse de l'action du café sur l'asthme dans une théorie qui, quel que soit le nombre de ses partisans, ne présente qu'une certitude fort mal assise, théorie que d'ailleurs pour mon compte personnel je n'admets pas.

Je ne suis guère plus disposé à accepter la doctrine de M. Sée, suivant lequel le phénomène constitutif essentiel de l'asthme serait une contraction tétanique du diaphragme. C'est par le ralentissement de la nutrition que ce professeur explique l'heureuse influence exercée par le café : « Si les centres nerveux, dit-il, éprouvent moins de changements moléculaires que dans l'état normal, les agents excitants des muqueuses et des nerfs respiratoires, c'est-à-dire les causes des accès produisent une impression moins vive sur ces organes épuisés par une surexcitation toxique, émoussés par une nutrition moins active.»

Beau (1) rapportant à la sécrétion bronchique la part la plus importante dans la maladie, fait de l'asthme une affection catarrhale qu'il range dans le groupe des bronchites à râle vibrant. A cette théorie de l'asthme se rattache la suivante, de toutes la plus satisfaisante à mon gré et que, quant à moi, je crois devoir adopter, tout en reconnaissant qu'elle est, elle aussi, hypothétique par quelques points dans lesquels une place subsiste pour l'incertitude. On la trouvera remarquablement exposée par M. Parrot, à qui elle appartient, dans le *Dictionnaire encyclopédique des sciences médicales* (2), je la résume en quelques mots : l'asthme est une maladie des nerfs qui président à la sécrétion broncho-pulmonaire ; c'est une névrose, *une attaque de nerf de nature sécrétoire ;* cette attaque de nerfs est, habituellement au moins, le fait d'une action réflexe ayant son point de départ dans une sensation dont la nature et le lieu sont extrèmement variables (impression du froid ou de quelque odeur, poussières, etc.) sous cette influence, la sécrétion pulmonaire s'exagère tout à coup, ce que révèlent dès le début de l'accès d'asthme les râles vibrants entendus à l'auscultation. Le mucus tenace et visqueux ainsi produit abondamment, obstrue les bronches tant que dure la dyspnée, mais il n'est pas la seule cause de la gêne respiratoire ; il s'y joint un état congestif de la muqueuse et de son appareil glandulaire, état primordial et nécessaire suivant les uns, secondaire et médiat suivant les autres, mais dont le résultat est en tous cas, par la tuméfaction de la muqueuse qu'il produit, de diminuer le calibre des petites bronches et de faciliter leur obstruction par la matière sécrétée. « Quant à l'action intime de l'élément nerveux dans le processus asthmatique, il

(1) Archives générales de médecine, 3ᵉ série, t. IX, p. 136 ; 1840. Union médic., 1855, p. 313 ; et Gazette des hôpitaux, 1855, p. 301.
(2) Article *Asthme,* t. VI, p. 749.

nous est encore inconnu. Provoque-t-il la sécrétion en agissant
d'abord sur les vaisseaux des glandes bronchiques? Les dilate-
t-il par une action paralysante des rameaux du vague sur ceux
du grand sympathique? Ou bien est-ce qu'il excite directement
les cellules glandulaires?.....» (Parrot). Pour moi je me sens
très-attiré par l'hypothèse de la paralysie voso-motrice et du
relâchement des vaisseaux glandulaires du poumon. L'hypercrynie pulmonaire ne serait ainsi qu'une application de la loi
générale en vertu de laquelle le produit des glandes est en raison direct de l'afflux sanguin qu'elles reçoivent, en raison inverse, par conséquent, de l'activité de leurs vaso-moteurs.

Les guérisons ou tout au moins les améliorations obtenues
dans l'asthme par le café s'expliquent aisément si cette théorie
est admise, et j'y verrais peut-être une raison de plus de lui
donner la préférence si je n'étais très-porté à me défier de
l'axiome: *naturam morborum curationes ostendunt.* Agent vaso-
moteur, la caféine stimule les nerfs vasculaires de la muqueuse
broncho-pulmonaire; elle s'oppose ainsi à la tuméfaction congestive et à l'hypercrinie de cette muqueuse, par conséquent à
l'accès d'asthme.

Coqueluche. — Le café a été fort vanté dans la coqueluche
par le Dr Guyot (1). Ce médecin donne le café noir après le repas à la dose de une cuillerée à café aux enfants âgés de moins
de 2 ans, une cuillerée à dessert pour ceux de 2 à 4 ans, et une
cuillerée à bouche au-dessus de cet âge. Suivant lui, les co-
queluches les plus rebelles céderaient à ce traitement en trois ou
quatre jours. Malheureusement ce brillant résultat est loin de
s'être reproduit entre les mains des autres praticiens. Néanmoins
le café est, dans cette affection souvent si opiniâtre, un moyen
assez fréquemment utile pour qu'on doive ne pas le négliger.
Avant M. J. Guyot, M. Blache l'avait employé avec des succès

(1) Union médicale, 1849, p. 194; *id.*, 1860, 2e série, t. VI, p. 386 et 456.

variables ainsi que Baudeloque et Bouneau (1). Tout en se montrant tièdes partisans de ce traitement, Trousseau et M. Pidoux ne le croient cependant pas dénué d'utilité. M. Courbassier (2) dit s'être bien trouvé dans plusieurs épidémies de coqueluche d'un sirop dans lequel le café était associé à la belladone, à l'ipécacuanha et au quinquina. Enfin le Dr Laronde (de Saint-Pourçain) (3) bien qu'il combatte ce qu'il y a d'excessif dans les prétentions de M. Guyot pour le café, paraît avoir trouvé dans ce traitement un remède qui ne vaut ni moins ni mieux que tant d'autres opposés journellement à la coqueluche.

C'est tantôt l'infusion du café torréfié, tantôt la décoction ou la macération de café cru qui a été employée.

La nature de la coqueluche nous étant pour le moins aussi peu connue que celle de l'asthme, nous ne saurions donner de la modification de cette maladie par la caféine une interprétation physiologique de quelque valeur. Est-ce en diminuant l'irrigation sanguine du bulbe, ou celle de la muqueuse pulmonaire qu'agit cet alcaloïde? Est-ce en modifiant la sensibilité de cette muqueuse, ou bien par quelque autre mécanisme que nous ne soupçonnons même pas aujourd'hui? C'est là un problème impossible à résoudre dans l'état actuel de nos connaissances et que nous ne pouvons que poser.

V. *Du café comme diurétique et comme modificateur du mouvement de décomposition moléculaire.*

Dysurie. — Nous avons vu que la caféine exerce sur la tunique musculeuse de la vessie une stimulation dont l'effet est de rendre les besoins d'uriner très-fréquents. Le Dr Lamare-Piquot (4) rapporte une observation de rétention d'urine dans

(1) Vauthier, Union médicale, t. III, p. 220 ; 1849.
(2) Bulletin de thérapeutique, t. LV, p. 23 ; 1858.
(3) Union médicale, 2e série, t. VI; 1860.
(4) Article cité du Bulletin de thérapeutique, t. LXI; 1861,

laquelle cette propriété fut mise à profit. Il s'agit d'un vieil officier de la marine anglaise atteint depuis un grand nombre d'années d'un rétrécissement uréthral qui l'avait plusieurs fois déjà mis aux prises avec la rétention d'urine. En octobre 1860, M. W... fut pris de nouveau de cet accident; aucune sonde ne put pénétrer dans la vessie. Le Dr Lamare-Piquot en désespoir de cause prescrivit plusieurs tasses de café à prendre à courts intervalles : à la cinquième tasse, le malade commença à uriner un peu ; le café fut continué et le lendemain la miction était facile. — Le même accident se reproduisit en 1864 ; on employa encore le café avec le même succès.

Ce fait, le seul de ce genre dont nous ayons connaissance, est insuffisant pour juger l'efficacité du café dans la rétention d'urine. Il serait à désirer que d'autres guérisons analogues vinssent établir l'efficacité d'un moyen aussi simple, aussi facile, aussi peu dangereux dans un état pathologique qui peut devenir si redoutable.

Hydropisies. — Les diurétiques de l'ordre auquel appartient le café, c'est-à-dire ceux qui produisent la diurèse en augmentant la tension artérielle et dont la digitale peut être considérée comme le type, sont particulièrement indiqués dans les hydropisies ; trouvant dans un organisme gorgé de liquides le système vasculaire bien rempli, leur action vaso-motrice produit un effet bien plus énergique qu'elle ne le ferait dans des conditions opposées.

Dès 1725, un médecin hollandais, Zwinger, recommandait l'emploi du café dans les hydropisies. On trouve dans le *Bulletin de thérapeutique* (1) trois cas de ce genre d'affection guéris par les préparations caféiques ; depuis lors, ce traitement, que le professeur Bouchardat a contribué à remettre en honneur, a été plusieurs fois employé avec succès. En raison de sa propriété

(1) Année 1839, t. XVI, p. 144.

de ralentir la désassimilation, je pense que le café est surtout indiqué dans les hydropisies qu'accompagnent un affaiblissement rapide, une déperdition considérable des forces. L'action excitante qu'il exerce sur le cœur devra faire craindre de l'employer à hautes doses dans les hydropisies qui se lient à une lésion grave de cet organe.

Albuminurie. — Au rapport de M. Bouchardat (1), Honoré, médecin de l'Hôtel-Dieu, a guéri trois malades atteints d'anasarque albuminurique, en leur faisant prendre chaque jour une infusion faite avec 25 grammes de café torréfié et 300 grammes d'eau. Bien que théoriquement, il semble permis d'attribuer à la caféine, agent minoratif du mouvement de dénutrition, une influence favorable sur l'albuminurie, je doute fort que cette substance y jouisse d'une réelle et complète efficacité. Les trois succès d'Honoré restent isolés; si le café pouvait véritablement guérir cette maladie si redoutable et contre laquelle tant de moyens thérapeutiques ont été et sont encore tous les jours essayés, serait-il croyable qu'après que ces heureux résultats ont été publiés, on ne soit pas revenu à l'agent qui les avait fournis et que cet agent n'ait pas pris place au premier rang parmi ceux dont se compose le traitement habituel de la néphrite albumineuse? Que l'hydropisie qui complique la maladie de Bright soit modifiée favorablement par le café, qu'elle disparaisse même pour un temps sous son influence, je ne nie pas que cela puisse arriver, mais c'est là, je crois, tout ce que l'on peut, dans l'albuminurie, demander à ce médicament. D'ailleurs, d'après les renseignements trop peu complets que donne le professeur Bouchardat sur les malades d'Honoré, il est permis de supposer que le symptôme anasarque seul a été amendé par le traitement caféique et que la néphrite albumineuse a persisté.

(1) Annuaire de thérapeutique, 1846, p. 44.

Glycosurie. — « Le café, dit M. Bouchardat, est utile à presque tous les malades atteints de glycosurie ; sauf contre-indication, j'en prescris une tasse après le repas principal ; on doit le prendre sans sucre ou du moins en diminuant beaucoup la quantité de ce principe. » — C'est encore à titre de modérateur de la dénutrition que le café peut jouer ici un rôle favorable en amoindrissant la déperdition glycosique. Il est évident que seul il ne saurait constituer un traitement suffisant du diabète, mais il est permis de le considérer comme un bon adjuvant des autres médications opposées à cette diathèse, les eaux minérales alcalines, par exemple, et surtout comme un des aliments les mieux appropriés à cet état morbide.

Goutte. — Le café est-il indiqué ou contre-indiqué dans la goutte ? Pris avec modération, il serait, suivant Roques (1), généralement salutaire aux goutteux. Ph. Dufour rapporte que Gras (de Genève) a guéri plusieurs de ces malades par l'infusion de café et il en a lui-même observé un dont les douleurs furent calmées par ce moyen. M. Landarrabilco (2) cite huit observations de goutte guéries à l'aide de macération de café cru. D'un autre côté, c'est une pratique très-répandue que d'en interdire l'usage aux goutteux, ou tout au moins de leur recommander sous ce rapport la plus grande sobriété. Si commune que soit cette pratique, elle ne saurait suffire à prouver la nocuité, ni même l'inutilité du café dans la goutte, et cela d'autant moins que vraisemblablement elle procède de la croyance que le café est un excitant analogue aux boissons alcooliques ; or nous avons vu combien est peu fondée cette croyance, bien qu'elle aussi soit très-générale.

Le phénomène capital de la goutte, c'est un excès d'acide urique dans le sang ; cet acide en excès se dépose, sous forme

(1) Bulletin de thérapeutique, t. VIII, p. 289 ; 1835.
(2) Thèse citée ; Montpellier, 1866.

de cristaux d'urate de soude, dans les tissus articulaires et péri-
articulaires, dans la peau et les parenchymes des différents viscères. Mais quelle est l'orgine de ce produit? Liebig l'attribuai[t]
à une combustion insuffisante des matières albuminoïdes qui,
trop faiblement oxydées, se transformeraient en acide urique au
lieu de constituer de l'urée. Après avoir joui d'une vogue assez
grande, cette doctrine est aujourd'hui pour le moins fortement
ébranlée. Ainsi il est actuellement démontré que, dans les circonstances accusées par Liebig de cette oxydation insuffisante
(repas trop copieux, régime trop animalisé, défaut d'exercice
musculaire), l'urée n'augmente pas proportionnellement moins
que l'acide urique. D'ailleurs, d'après Voït et Bischoff, ces deux
substances ne se formeraient jamais directement dans le sang
mais proviendraient de la décomposition moléculaire des tissus.
D'un autre côté, suivant quelques auteurs, et M. Robin entre
autres, l'urée et l'acide urique auraient une origine différente ;
tandis que l'urée serait le produit de la désassimilation musculaire, l'acide urique suivant ce professeur (1), proviendrait de
la *géline*, résultat premier de la décomposition moléculaire des
cartilages et des tissus fibreux. La diathèse urique serait donc
le fait d'une exagération du mouvement de dénutrition dans ces
tissus.

Que conclure de ces considérations théoriques sur la goutte
relativement à l'emploi dans cette maladie des préparations caféiques?.... Rien que des hypothèses, puisque ces théories elles-
mêmes sont encore hypothétiques. Si l'on admettait la manière
de voir de Liebig, il faudrait proscrire le café chez les goutteux;
car, ralentissant le mouvement de décomposition organique, il
devrait contribuer à empêcher les matières albuminoïdes de
se transformer en urée et augmenter la proportion du produit
de transformation incomplète, de l'acide urique. Dans les théories opposées, devenues aujourd'hui plus probables que celle

(1) Programme du cours d'histologie. In-8°. Paris, 1864, p. 90 ; et Dictiounaire
de médecine de Nysten, 11e édition, 1865, p. 678.

de Liebig, bien qu'insuffisamment démontrées aussi, il faudrait au contraire préconiser cet agent : si en effet, la production de l'acide urique est indépendante de celle de l'urée, on n'aurait qu'à gagner, chez les goutteux, à employer un médicament qui diminuerait à la fois la genèse de ces deux subtances.

Gravelle urique. — D'étroits rapports unissent cette maladie à la précédente ; on la voit fréquemment remplir les intervalles qui séparent ses accès, et bien qu'il soit au moins très-exceptionnel d'observer à la fois chez le même sujet la gravelle et la goutte, il est permis de considérer ces deux affections comme deux manifestations d'un même état diathésique ; l'une et l'autre ont pour élément morbide fondamental un excès d'acide urique, lequel ici se dépose dans les articulations, dans la peau ou dans les parenchymes sous forme d'urate de soude, et là cristallise, soit sous la même forme, soit à l'état libre ou à l'état d'urate de chaux, dans les organes sécréteurs de l'urine, pour être excrété avec ce liquide en y constituant des graviers. On n'a pas, il est vrai, jusqu'ici constaté l'excès d'acide urique dans le sang des calculeux comme Garrod l'a fait dans celui des malades atteints de goutte. Ce produit a-t-il dans les deux affections la même origine ? On ne saurait le dire. Peut-être y a-t-il lieu d'admettre relativement à la gravelle l'opinion de Zalesky (1), qui a été conduit, par ses expériences sur les animaux, à considérer le rein comme le lieu de production de l'urée et de l'acide urique, lesquels se formeraient probablement aux dépens de la créatine.

De même que dans la goutte, le café proscrit dans la gravelle par la généralité des médecins est au contraire présenté par quelques autres comme un agent capable d'en favoriser, ou même d'en produire lui seul la guérison. Murray en conseillait

(1) Recherches sur le processus urémique ; Tubingue, 1865.

l'emploi aux calculeux à cause de son action diurétique, le sup-
posant apte, par là, à chasser mécaniquement les graviers du
rein. Sparchuch, Ray (1), Roques (2), Foy (3), M. Chrestien (de
Montpellier) (4), ont aussi préconisé l'usage du café dans la gravelle, soit torréfié en infusion, soit vert en macération ou en décoction; ils citent à l'appui un certain nombre d'observations
dont plusieurs, à vrai dire, m'ont semblé peu concluantes.
M. Landarrabilco, dans sa thèse, rapporte 6 cas de gravelle guéris par la macération du café vert : deux de ces malades avaient
des coliques néphrétiques.

La proscription qui excluait le café du régime des calculeux
paraît au reste être moins absolue et moins générale qu'il y a
quelques années, et, comme l'observe M. Marchand, on le voit
tolérer même dans les stations d'eaux minérales où l'on envoie
ces malades. « Je recommande l'usage du thé, dit M. Le Roy
(d'Étiolles), fils (5), et je permets l'usage du café de temps en
temps à la rigueur, faible, à l'eau..... » et cependant nous trouvons ce médecin parmi ceux qui mettent le café au nombre des
excitants. (*Traité de la gravelle*, page 26.)

Parmi les auteurs qui ont prôné le traitement de la gravelle
et de la goutte par le café, quelques-uns ont allégué en sa
faveur la rareté de ces maladies chez les peuples qui font de
cette liqueur un grand usage, et particulièrement en Orient.
J'avoue n'attacher à cet argument aucune considération. La
diathèse urique est le fait surtout d'un régime succulent et fortement animalisé; or, on sait combien en général l'alimentation des peuples dont il s'agit diffère, sous ce rapport, de la
nôtre, et de celle surtout des Anglais, pour lesquels la goutte
affecte une si remarquable prédilection. Je trouve d'ailleurs
dans l'ouvrage de M. Le Roy (d'Étiolles) (p. 449) une communi-

(1) Historia plantarum.
(2) Bulletin de thérapeutique, t. VIII, p. 289 ; 1835.
(3) Bulletin de thérapeutique, t. XXXIV, p. 206 ; 1848.
(4) Gazette médicale, 1836.
(5) Traité de la gravelle; Paris, 1866, p. 497, In-8°.

cation à lui faite par le Dr Clot-Bey, et qui réduit cet argument à sa juste valeur ; on y voit, en effet, que la gravelle et la pierre sont communes en Égypte ; mais ces calculeux sont tous des habitants du Delta et de la Basse-Égypte, qui consomment de la viande de mouton en abondance, et qui, malgré les prescriptions du Coran, font souvent usage et abus de liqueurs alcooliques, tandis que les sujets des races sobres, les Bédouins et les Éthiopiens, qui ne prennent pas plus de café que les autres, sont exempts de ces concrétions.

En définitive, l'utilité ou la nocuité du café dans la gravelle restent encore à établir d'une manière certaine. Les faits de Ray, de M. Chrestien, ceux surtout de M. Landarrabilco méritent d'attirer sur cette question l'attention des praticiens. Quant à la physiologie, elle est aussi impuissante à la résoudre qu'elle l'était quand il s'agissait de la goutte. A titre de diurétique mécanique, la caféine doit remplir dans la gravelle l'indication pour laquelle la conseillait Murray (*urinam movendo sabulum et calculos minores pellit*). Mais ce n'est pas là tout, tant s'en faut. Si l'on admet que les graviers sont le résultat d'une oxydation insuffisante de la créatine, le café doit être proscrit comme une entrave à cette combustion ; si on les attribue à une production plus active d'acide urique indépendante de celle de l'urée, et sans que la première de ces substances soit constituée aux dépens de la seconde, on aura raison, au contraire, d'employer la médication caféique.

VI. *Du café comme anaphrodisiaque.*

Blennorrhagie. — Vidal (de Cassis), MM. Ricord, Cullerier, Rollet, A. Fournier, et avec eux presque tous les médecins, défendent expressément dans la blennorrhagie le café qu'ils considèrent comme un excitant. A supposer que cette opinion fût réellement fondée, il n'y aurait là, comme le fait justement observer M. Pénilleau (1), qu'une médiocre raison de le proscrire dans une maladie à laquelle on oppose des excitants tels que le copahu, le poivre cubèbe, la térébenthine. Or, non-seulement le café n'est pas un excitant, mais nous avons vu qu'il est un agent de décongestion, et par là il doit être supposé plutôt utile que nuisible dans cette affection. Le médecin que je citais tout à l'heure, M. Pénilleau, a eu l'occasion d'observer plusieurs malades à qui l'on avait fait prendre deux ou trois tasses d'infusion ordinaire de café par jour, pendant la période aiguë de la blennorrhagie, concurremment avec les balsamiques, sans que la marche de la maladie ni la guérison en fussent entravées. J'ai rapporté ailleurs l'histoire de ce malade de M. Marchand, que ce médicament put seul délivrer des érections nocturnes ; indépendamment de ce résultat, la maladie parcourut chez lui ses périodes sans en paraître accrue ni diminuée. J'ai dit déjà que des faits de ce genre avaient été observés en assez grand nombre.

En défluxionnant la muqueuse uréthrale, il est possible que le café ait une certaine action sur la phlegmasie elle-même ; mais son rôle évidemment le plus important dans la chaudepisse consiste à prévenir les érections. Non-seulement donc je me garderais d'en faire interrompre l'usage à un malade qui, avant sa blennorrhagie, aurait été accoutumé à en prendre journellement et que la cessation de cette habitude exposerait davantage, je n'en doute pas, au priapisme nocturne, mais encore je le prescrirais volontiers chez des sujets non accoutumés pour combattre cette complication si elle se présentait. Je ne crains pas de dire que, pour remplir cette indication, le café, comme les autres agents vaso-moteurs, tels que le bromure de potassium, la belladone, le seigle ergoté, m'inspirerait beaucoup plus de confiance que le camphre si souvent prescrit d'une façon banale dans ce but, malgré son titre, ici

_____
(1) Thèse citée, 1864.

incontestable, d'excitant, et qui m'a toujours paru absolument impuissant, non-seulement à faire cesser, mais encore à diminuer les érections.

Spermatorrhée. — Le fait suivant est rapporté par M. Chicou dans sa thèse (1) : Un jeune homme, ami de l'auteur, avait trois ou quatre fois par semaines des pollutions nocturnes qui le fatiguaient beaucoup ; ayant à travailler pour un concours il se mit à prendre tous les jours du café, ce à quoi il n'était pas habitué: les pollutions cessèrent. Pour se convaincre que c'était bien à l'usage du café qu'était due cette heureuse modification, M. Chicou le pria, après un mois d'usage quotidien du café, de rester quelques jours sans en prendre ; dès le premier, les pollutions reparurent ; plusieurs fois cette expérience fut répétée, et toujours elle donna le même résultat.

L'action favorable que paraît si manifestement avoir eue le café chez ce malade n'a rien de surprenant. Comme agent de décongestion et comme anaphrodisiaque, le café devait être soupçonné capable de lutter avec quelque succès contre les pertes séminales involontaires ; ne voyons-nous pas que les moyens les moins inefficaces contre celles-ci sont des agents du même ordre, des médicaments vaso-moteurs ; ainsi la strychnine et l'ergot de seigle, la belladone et le bromure de potassium, ainsi l'hydrothérapie ? Aussi ne puis-je que me ranger à l'avis de l'auteur qui rapporte cette observation, lorsqu'il propose d'expérimenter les préparations caféiques dans le traitement de cette cause d'épuisement si grave et si souvent rebelle aux moyens usuels de traitement.

(1) Thèse de Paris, 1859.

TABLE DES MATIÈRES

FIN DE LA TABLE.

A. Parent, imprimeur de la Faculté de Médecine, rue Mr le Prince, 31.